よそさんが心地いい京都

中野弘子

交通新聞社

生まれ育った京都の街で京都人もよそさんも一緒に心地よく

若い頃は窮屈で、よそに出たくてたまりませんでしたが、四十路にもなると、京都盆地のミニマム感がなんと心地いいことか。今では、東京出張などで初対面の方々に「中野さんは京都生まれの京都育ちかぁ、いいね～」と言われるたびに、ふふんと優越感に浸っています。

長年、地元情報誌の編集をしていたことから、京都の目新しいものごとばかりにアンテナを向け続けてきました。独立を機に、全国誌の京都特集に携わるようになって、よそさん（観光客）が求めている京都像に目を向けるようになり、東京から編集者が来て、反応するものごとがこれまでと真逆なくらい違っていることに多々驚いてきました。

私たちの日常が、よそさんの非日常で、何の変哲もないように思える風景が「旅情をかき立てるんだなぁ」と東京目線を研究する日々。そして干支が一回りするくらい、この仕事が続けられていることからして、おもてなし側の目線が身についてきたのかなとしみじみ感じています。

土地が違えば文化や常識も若干違ってきます。とあるお寺によそさんをご案内して、居間に通されたとき、さっさと座布団に座ったり、座布団の上を歩いたりする姿にギョッとしてしまったことがあります。はっきり言って京都人的にこれはタブーです（汗）。この光景を和尚さんに見られて、後でチクッと言われることもありました。タブーをタブーとはっきり言わないのが京都です（苦笑）。

また、「いちげんさんお断り」という言葉に象徴されるように、お客さんだから何でも許される、という考えがなかなか通じないのも京都ならでは。ここでそんな話ばかりしていると、「京都はこわい！」と思われることでしょう。いえいえ、京都人もお寺も料亭もこわくはありません。そのために、現地通訳的な、京都コーディネーターたる私のような者がいるのです。

日本の一大観光都市・京都。国内外から訪れてくださる、たくさんのよそさんに、たくさん楽しんでいただくためのおすすめスポットと、ちょっとした京都マナーも一緒にご紹介します。

もくじ

第2章　人を育てる京都の食

もくじ

もくじ

＊本書の内容は平成27年2月現在のものです。
値段における税込・税別は、各店店頭での表記に準じています。

第1章

人に会いに行く京都

〝高辻の母〟がいる　KITCHENよし田

元気ママに会いに、何度でも行きたくなる

「通いたくなるお店のよさは？」と聞かれたら、迷わず「人！」と答えます。どんなに値段が安くても、料理がおいしくても、サービスがよくても、会いに行きたい人がいるか否かが私のバロメーターです。ここ10年ほどの間でトップクラスの、通いたくなる店主ナンバーワンは『KITCHEN《キッチン》よし田』の太田紅后《くみ》さん。長年切り盛りしていた焼肉店の女将業から卒業し、還暦でオープンして10年になる現在のお店。高辻通に面した立地と、パワフルさで常連客から「高辻の母」とも呼ばれています。

　家が近所であったことから、通りがかってふらりと入ったのがきっかけ。一人で食べ歩くのに慣れているものの、初めて入るのは緊張するものです。扉を開けた途端、「いらっしゃい！」という元気な声にそんな不安もかき消されていました。一人でも入りやすい店にしたかったという紅后ママ。おばんざいを並べるカウンターを少し高くしたのも、おひとり仕様なのだとか。「初めての人はこれ食べて」と言って、べっぴんサラダが出てきて、あれやこれやと食欲をそそるメニューがズラリと並ぶ。約20種も

その日の料理から6種、取りわけてくれる、お得な一人用プレート。

●高辻通
四条通から南に3本下がった東西の通り。お店のある烏丸高辻付近は老舗の会社や商家が多い。

●おにぎらず
その名のとおり、「握らない」おにぎり。レシピサイトなどで話題に。大きめの海苔の上にご飯と好きな具を乗せて、座布団折りで包むだけ。切ると様々な具が見えて、簡単なのに喜ばれる。

シャンソンやドラムなど多彩な趣味をもつ紅后ママ。

ママの気まぐれで作る冬のかす汁は暖まる！

べっぴんネギとザーサイのごま風味、べっぴんサラダ。

定番のハッピーサラダも人気メニュー。

イワシやサンマなど、骨まで柔らかい魚の煮物。

の無国籍のおばんざいは、すべて一人で料理したもの。元来の料理好きでないとできないなと感心させられます。その後も、ふらふらと立ち寄っては手料理をいただき、鉄板メニューをあれやこれやと注文できる常連の仲間入り。風邪をひいたときには、ピリ辛のクッパで体を温め、出張に行く前夜には、気まぐれで座布団握りを持たせてくれるまでに。余談ですが、この座布団握りは、どこを食べても具が出てくる優れもの。近頃、「おにぎらず」という握らないおにぎりが流行ですが、ママはこの元祖だと思っています。

料理のバリエーションだけでなく、名言ママ語録が多数飛び出すのも味わい深いところです。例えば、「仕事やと思ってるからしんどくなる。マイ・ジョブ・イズ・ホビーって思ったら楽しいやん」とイキイキした笑顔。昼間に店の前を通りがかったときも、鼻歌まじりに仕込みしている姿を見るたび、元気をもらえます。そして、一番の名言「人がおいしい店やないとあかんね」という言葉に思わず納得。ものづくりをしている人にはみんな共通しているキーワードだと思います。

あまりにもおいしくて増量した体をしぼるべく、しばらくご無沙汰していた間にも、連れて行った友人たちみんなは通い詰め、京都に来るたびに「ママ、ただいま!」と言っています。

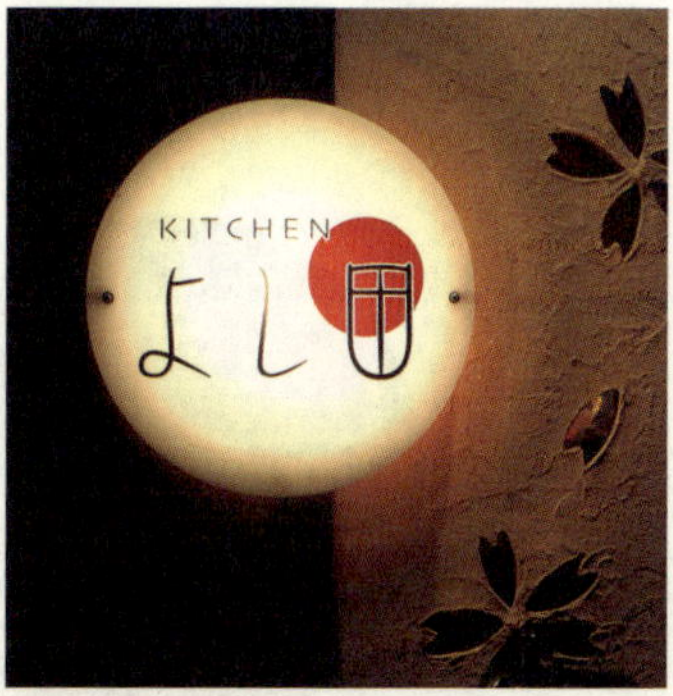

KITCHEN よし田

京都のオフィス街・四条烏丸近くの無国籍のおばんざい店。カウンターに並ぶ日替わりのおばんざいと、パワフルなママに癒やされに遠方から通う人も多数。べっぴんサラダなど1品800円前後。総菜6種を盛り合わせたプレート1850円。

京都市下京区高辻通烏丸西入ル堀之内町272-5
☎075·361·4600 ● MAP P158-D3

人の縁をつなぐ喫茶店　御多福珈琲

カウンター席に座った人はみな友達

「屋台の珈琲屋さんがお店を出したらしい」と聞いたことが、『御多福《おたふく》珈琲』との出会いのきっかけ。寺町通に面した小さい間口の階段をトントンと降りて店内へ。ツツツと迷わずカウンターに座った私を見て、店主の野田敦司さんは内心、「この人は一体何者なんだろう!?」とちょっぴり緊張しながら接客していたそうです（笑）。

赤いベルベッドのシート、木彫のシックな空間は、映画に出てくる特急列車のような雰囲気。カウンターは、サロンカーの特等席といったところでしょうか。お客さんは、手づくり市の常連さんやものづくりをしている人、近くの百貨店の店員さんなど、老若男女様々。野田さんの珈琲を楽しみに日参する常連さんが多く、「今日はふた福目（2回目）」と話す強者もいます。

野田さんは和歌山県有田郡出身。バリスタになる前は地元勤めで、京都に出て、珈琲修業を始めました。百万遍手づくり市の屋台から現在のお店を開いて、もう10年以上になります。今でも毎月15日のみ店を休んで、手づくり市に出店し続けています。

野田さんデザインのオリジナルマッチ。お多福さんのもみ上げがトレードマーク。

◉百万遍手づくり市
毎月15日に百万遍にある知恩寺（MAP P156-B4）で行われている市のこと。約400店舗の出店は、京都市内の数ある手づくり市の中でも最大級の規模を誇る。

この日、カウンターに集うメンバーは男性ばかり。曜日や時間によって客層も様々。

野田さんが焙煎した、「当店自慢のブレンドコーヒー」。

カウンターに座った者同士をつなぐ野田さん。

プリンやかぼちゃケーキなどの自家製スイーツも人気。

生クリームたっぷりのウィンナーコーヒー。

お店は閉めていますが、実際には年中無休状態（！）。
自分のルーツを大事にしながら、初心を忘れることなく、手づくり市に立ち続ける姿は、後輩のみならず、私たちも気が引き締まる思い。カウンターでも、一杯ずつ丁寧に淹れてくれる珈琲は、しみじみ温かな気持ちになれます。

長年通い続ける理由は、やはり野田さんとほんわかキャラの彩由紀《さゆき》さんの存在があるからこそ。彼女はなぜか、「ぽんちゃん」とか「たぬきちさん」と呼ばれていて、すっかりそれが定着しています。ご主人の野田さんが話に花を咲かせているときに、さりげなく気を利かせてくれたり、逆に天然的な爆弾コメントを投げてくれたりして、場を和ませてくれ、いつもよいコンビだなと思わせてくれるお2人です。

その日その場に居合わせた顔ぶれで、会話もいろいろ。野田さんがいつもカウンターに座った者同士を紹介してくれるので、自然に顔見知りが増えていきます。ここでのご縁で、ずいぶんいろんな知り合いが増えました。お店に置かれている地図帳には、全国津々浦々から訪れた人々の出身地や居住地にマークが記されていて、これまで人とのご縁を大事に積み重ねてきたこの店の歴史を垣間見ることができます。長年会っていなくても、カウンターで再会すると自然に和気藹々とした雰囲気に。ここにも「おかえり」と言われるような温かさがあります。

ときには仕事に向き合う厳しさを話し合ったり、近頃の流行について話が盛り上がったり。『御多福珈琲』という名前に違わず、一杯の珈琲を介して〝口福〟を与えてくれる素敵なお店です。

御多福珈琲

繁華街の喧騒から離れた地下1階にある喫茶店。野田さん＆常連客とのトークを楽しみたいならカウンターへ、じっくりコーヒーを味わいたいなら列車の座席のようなボックス席へ。「当店自慢のブレンドコーヒー」400円、小さめのチーズケーキ200円も美味。

京都市下京区寺町通四条下ル貞安前之町609 コロナビルB1
☎075･256･6788 ●MAP P158-C4

それにはちょっと訳がある　BAR醸造庭

Kさんオーナーの店が心地いい理由

なぜ匿名で〝Kさん〟なのか。それはいつの頃からか、ひっきりなしに広告などの営業電話がかかってくるようになって、ほとんど名前を出さないようにしたのがきっかけだそうです。極力、顔写真もご辞退しているそうなんですが、昔なじみということでゴリ押しで登場してもらいました。

Kさんは飲食店勤めからスタートし、20代で仲間と開いたお店が宮川町の『蜃氣楼《しんきろう》』です。アラカルトでリーズナブルに和食がいただける、おすすめの一軒。2階のお座敷に舞妓さんを呼んで、お座敷遊びをすることもできます。

ちなみに、料理長の「まっちゃん」こと松本昌樹さんは、開店時からの古参メンバー。私のようにふらっと訪れる、おひとり客にも優しく、「飲みたいから、ちょこちょこ（食べたい）」というだけで、酒肴を出してくれます。出汁巻も半分の大きさで巻いてくれるなど、料理をおひとりサイズにしてくれます。常連じゃなくても対応してくれるので、

●宮川町
京都にある五花街の一つ。細い路地に舞妓さんの置屋や、おしゃれな飲食店、バーなどが軒を連ねる。夕暮れ時になると、店先の赤い提灯がともり、花街の雰囲気を味わえる。

京都在住のアーティスト「だるま商店」の壁画が目印。

気軽にたずねてみてください。
そしてKさんの話。1号店に続いて、イタリアン、カフェダイニングバー、大衆居酒屋、オリジナル餃子店など、次々と自分のお店を開店させていきました。今では市内8店舗（P20は一例）のオーナーで、飲食店のプロデュースもしています。さすがに社長業が忙しくなり、バーカウンターで会えなくなって寂しく感じていましたが、1年ほど前から再び、『BAR醸造庭《じょうぞうてい》』のカウンターに立つようになりました。

昼間は経営者、夜はバーテンダー。

百貨店の催事に出向いて餃子を焼いているかと思えば、冬には蔵元で酒造りの手伝いにも。「体は大丈夫なのかな」と思うようなスケジュールですが、そこで感じた経験談やノウハウを聞くのが楽しみでもあります。
彼が成功している理由は、持ち前の人な

Kさんに会いに訪れる人も多い『BAR 醸造庭』のカウンター。

美郷のスタッフ。中央は毛利シェフ。

生パスタがおいしい『Dining ＋ Cafe&Bar 閏 (うるう)』。

春の香りを運ぶ菜の花パスタ@美郷。

町家レストラン『Ristorante 美郷 (みさと)』。

もちもちとした食感の餃子が美味。

オリジナル餃子で人気の『亮昌 (すけまさ)』高辻店。

つっこさと、「○○さんのおかげですよ」と感謝の言葉を惜しみなく口にしていることが大きいでしょう（かくいう私も「ねーさん」と呼ばれている一人）。
「結局、まあええかで妥協してしまうと愛着がもてなくなりますから」とKさん。1店舗ごとに妥協することなく、作り上げていった熱意は見習いたいものです。
カフェをやりたいという知人の相談で、町家レストランは坪単価いくらで月額の運転資金はこれだけ必要で、と詳細に話してくれたことがあります。そのとき、経営者としての手腕に納得がいきました。一番のポイントは、従業員は全員社員にしていること。先ほどのまっちゃんがちゃっちゃと対応してくれることや、スタッフ一人ひとりが自分の判断で対応することができる。それは、接客にも大きく影響しています。

飲食店は、接客が命。マニュアルどおりの接客やお客の方が気を遣う店と違って、きちんと対応してくれることの心地よさといったら、なかなかお金だけでは得がたいもの。それぞれの店舗で一生懸命働くスタッフの姿は見ていて気持ちいい。形だけのお辞儀や、丁寧なつもりの過剰なサービスがあふれる中で、どこに行っても安心できるKさんオーナーのお店は、よそさんをもてなす私としては有り難い存在なのです。

BAR 醸造庭

店名のとおり、醸造酒のみを扱うバー。高瀬川沿いのビル2階にあり、春には夜桜を眺めながらうっとりとお酒に浸れる。ワインのほか、日本全国から集めた日本酒など1杯1000円程度。一人で入っても緊張しない接客が見事。

京都市下京区木屋町通仏光寺上ル天王町151 2F
☎075·351·0090 ● MAP P158-D4

心意気も男前　AU DISCO

料理とサービスをこなす豪腕シェフ

平成25年のオープン間もない頃、忘年会で初めて連れて行ってもらった『AU DISCO《オーディスコ》』。シードル（もちろんボトル注文）に始まり、赤白ワインを女3人で数本開けたお店です。開店約2カ月にしてすでに、かなりのにぎわいを見せていました。

オーナーからこの店を任され、立ち上げたのは、シェフの森永宣行さん。テーブルに来てよく話をしてくれるので、厨房に誰か一人いるのかと思っていたら、なんと調理は森永宣行さん。シェフの森永シェフただ一人（驚）。その後、相棒の酒井翔くんも入って、フロアも厨房も2人で切り盛りしています。

よく気が利いて、料理もおいしい。世界中の取材をしている、とある雑誌の編集長をこのお店に案内したときも、「ここの豚肉料理やビネグレットはパリで食べたものよりもおいしい」とほめられたほど。「手をかけている風に見せず、きちんと手をかけてます」と森永シェフ。パテ、ソーセージ、ハム、シャルキトリもすべて自家製。

昼飲み客も多いバル。オリーブ、サラダ、ガレット、ステーキまで幅広いラインナップ。

◉ビネグレット
ビネグレットソース。フランス料理の基本的なドレッシングの一種。

◉シャルキトリ
フランスの豚肉加工食品。

いつも素敵な笑顔で出迎えてくれる、森永宣行シェフ。

ワインに合う鴨とフォアグラのパテアンクルート。

自家製ハムと卵、チーズ入りのコンプレ。

調理しながら、会話も気遣ってくれるのはさすが。

バル風のカジュアルな雰囲気とは裏腹に、フレンチのレベルが高い。看板メニューのそば粉のガレットも人気で、カフェ感覚で立ち寄ることもできます。

店の顔である森永シェフは、佐賀県生まれで、大阪府枚方市で育ち、京都の大学時代は、音楽漬けの日々を送っていました。音楽と同様に食べ歩きも好き。関西のレストランを訪ね歩き、次第に料理のおもしろさに目覚めていきます。料理学校に通っていた訳でもなく、ずぶの素人が「働かせてほしい」と飛び込んだのは、大阪のフレンチレストラン『ルール・ブルー』。意思表示として、ロン毛をばっさり落とし、丸坊主で訪ねていったといいます。3年間、みっちり接客と料理を学び、シェフから生き方も学んで、再び京都へ。有名レストラン『ベルクール』で腕を磨き、姉妹店の『ブション』の料理長を務めて卒業。その後ベルクール時代の先輩オーナーに声をかけられて、現在のお店を任されるまでになって今思うことは、「自分が好きなことに打ち込んで、笑顔になってもらえるのがうれしい。お客様の反応をストレートに感じられる今の環境が気に入っています」。

料理と接客をこなしながら、森永シェフが提供する心地いい時間は、お店のイチオシ看板メニューです。

AU DISCO

ガレットが有名なカジュアルフレンチの店。14時からのオープンで昼飲みもでき、自家製ソーセージ3種1300円などワインに合うメニューもそろう。コンプレ1400円のほか、砂糖とバター、塩バターキャラメルのクレープ（ともに700円）などデザート系も。

京都市下京区麩屋町通四条下ル八文字町335
☎075·708·6233 ●MAP P158-D4

Column 1

コーディネーターから見た京都

京都コーディネーターの「七つ道具」とは？

京都はものごとに白黒はっきりつけたがらない傾向があり、どちらとも取れない曖昧な返事をすることが多くあります（私も）。例えば取材依頼で、「そんな立派な雑誌に載せてもらうような店と違いますし～」と語尾を濁す場合は、謙遜されている場合と、「そんな本に載るような店と違います」とどちらの意味合いかわからないことがあります。その言葉の見極めと交渉役がコーディネーターという仕事です。

一番ヒヤヒヤするのは、お寺。修行の場なので、取材を受けたくないお寺もあれば、快く受け入れてもらえるお寺など様々。ロケのお願いに行ったとき、20分以上待って「常識は心得てはるみたいですなあ」と言われ、待っている態度でOKだったことがわかりました。逆の立場になれば、大事なお寺を傷つけたりしないか、受けるかどうかの判断基準だったのでしょう。夏場に多いのが素足。和室に素足はタブーです。パンストも素足と同じ感覚なので、フットカバーはつけた方がいいでしょう。

ロケ先で怒られながら自ずとそろった私の「七つ道具」があります。ボールペンは消せなくなるので「シャーペン」、急な表書きのための「筆ペン」、あらたまった場所で持っておくとよい「お茶扇子」と「懐紙」、畳を歩くための「白い靴下」と「フットカバー」、荷物の敷物にもなる「風呂敷」。これらが何かと便利な七つ道具です。

第2章

人を育てる京都の食

食の愉しみを教えてくれる店① 招猩庵

紹介者限定の料理店

京都のお店には「紹介制」が根付いています。いわゆる「いちげんさんお断り」システムのことで、理由は女将さんだけの女所帯だから用心のためにとか、常連さんを大事にしたいなど、そのお店それぞれの意味を含んでいます。何より一番の理由は、お好みもわからないし、十分なもてなしができないことが心苦しいという京都人独特の思いの現れだといえます。

紹介者がいた場合、「お好きな食材は？　お嫌いなものは？」と事前にリサーチができますし、もしも何かお気に召さないことがあっても、紹介者を介して収めてもらうことも可能です。お店の予約時に「どなたかのご紹介ですか？」と聞かれるのは、そういった理由もあります。また、「いちげんさんＯＫ」の店で聞かれる場合は、紹介者にお礼をいわなければならないという意味も含みます。そういったやりとりで「紹介じゃないとダメなの!?」と不快に思わず答えていただければ、お互い心地いい時間が過ごせるのだと思います。

カウンター席のほか、4人がけの個室でゆったりくつろげる。

『招猩庵』にて、常連客の竹本昌代さんと一緒に楽しいひととき。

味わい深い、牛肉と赤こんにゃくのすき焼き風。

さっぱりといただけるレンコンの甘酢。

ちなみに、スマートな料理店の訪ね方は、やはり予約をしておくことです。食材の用意もありますし、店側には、お待たせしたくないという思いもあるので、できるだけ予約をしてからお出かけを。もし、料亭の前を通りかかって入りたいと思った場合も、店の前からでも電話をして、数分待ってから入る方がスマートです。これは、個室ばかりの料亭、もしくはお値段高めの割烹料理店に当てはまります。もちろん、居酒屋はこの限りではありませんが、同伴者が目上の方の場合など、うろうろ付き合わせないためにも、やはり予約は必須でしょう。

前置きが長くなりましたが、紹介制の店ながら、特別に取材をOKしてくださった『招猩庵《しょうじょうあん》』を紹介します。高瀬川の畔、一之船入《いちのふないり》という船溜まりのある水辺に建つ一軒家。船宿であったという築100年のお店の窓辺からは、季節の風景が楽しめます。特に桜の季節は、お店の窓辺一面に満開の桜で覆われる美しい光景が見られます。さすがにこの季節は、超常連さんしか行けないハイシーズン。足繁く通ってようやくゲットできる特権なのです。常連さんが声をかけてくださったらラッキーくらいに思っておくのが京都人というもの。たとえお客であっても、厚かましいお願いをしないのが京都人的マナーです。

もしかすると、平成27年から2階のサロンがワインバーとしてオープンするので、2次会あたりでふらりと入れることがあるかも!?

前菜、刺し身、椀物、カウンターの鉢物などが付くおまかせコース仕立て。

天然ものにこだわって仕入れる上質の刺し身も絶品。

そもそもなぜ、私がこのようなお料理屋さんを知っているかというと、やはり超常連さんの紹介者があったから。その方は、とある雑誌の「〇〇さん紹介の店」企画でお世話になった、錦市場の豆専門店『椿家』の竹本昌代さんです。昌代さんはかなりのグルメで、料理教室のアシスタントも務めているお姉様。錦のお店の前を通るといつも、お父さんとお母さんが「ちゃんと食べてはるか!?」と気遣ってくださる、情の厚い京都人一家です。もともと知り合いだったことから推薦者をお願いし、『招猩庵』につながったというわけです。

店名の由来は、「大酒飲みのもののけ・猩々を招く」という意味。ご主人の松本隆司さんもお酒が大好き。ご自身は猩々の大ボスといったところでしょうか（笑）。置いてあるのは、シャンパン、ワイン、日本酒などなど、選りすぐったおいしいお酒のみ。ときには、超

窓からは、満開の桜、新緑と折々の眺めが楽しめる。

常連のグルマンたちとヨーロッパなどに出かけて、現地で珍しいお酒を買い付けてくることもあります。

食い道楽のご主人が手がける料理は、旬の滋味深いものばかり。例えば前菜は、牡蠣とあおさの佃煮、数の子とてっぴと水菜の和え物、あん肝など数品、お造り、カウンターの大皿料理をつまみつつ、椀物、焚き物、時季によっては松葉蟹の炭火焼、ご飯、デザートまで、おまかせコースでいただきます。魚介の質の高さ、煮物や炊き合わせの旨味など、どれをとってもおいしいものばかり。食材の目利きや味のセンスはかなりの腕前。若い頃はさぞや有名料理店でみっちり修業を積まれたのかと思いきや、意外にも、建設関係のエンジニアで、研究開発に携わっていたという畑違いのお仕事だったとか。茶道好きが高じて、和食を作るようになり、フレンチのシェフにも師事して、和洋の技法を習得。料理だけでなく、お手製シャーベットの果実味あふれるおいしさもこういった経験の積み重ねによるものでしょう。

平成27年の夏には記念すべき開店20周年を迎えます。「人が集まるところには、文化と情報が集まってきます」とご主人。料理と人柄に惹かれてカウンターに集う「猩々たち」との楽しい会話で、今日も京都の夜は心地よく更けていきます。

招猩庵

木屋町通を上がった高瀬川畔という絶好ロケーションの和食店。おまかせコース9000円〜。※本来は紹介制ですが、本書を見たといえば、初めての人でも入店できます（前日までに要予約）。

京都市中京区木屋町通二条下ル一之船入町537-7
☎ 075·221·3037 ● MAP P158-C4

食の愉しみを教えてくれる店② 菜ノ菜 御前七条

父の和食と息子の鉄板焼き

名だたる女優さんのヘアメイクを担当している穐田《あきた》ミカさんのすすめで連れて行ってもらったお店。このとき、京都で撮影中の女優さんと一緒でした。

料理長の村上一《はじめ》さんは、今年70歳の大ベテラン料理人。『ホテルグランヴィア京都』で和食部門の料理長をされていた頃に一度お目にかかったことがあります。ホテルの開業に携わり、定年退職後に家族で開いたのがこのお店だそうです。

まだどの媒体にも紹介されておらず、今回ご無理をいって取材を受けていただきました。初めてご紹介できるというのは、ライターとしてはうれしい反面、予約が取れなくなってしまうことが多々あって、ちょっぴり複雑な心境。紹介してくださったミカさんにも感謝。

七条御前《ななじょうおんまえ》という土地柄、地元のお客さんを大事にされています。観光とは違った素顔の京都の雰囲気を常連さんと一緒に体感してみてください。

黒板メニューには本日のお造りから日本料理、鉄板焼きまで幅広いラインナップ。

◉七条御前
京都駅から西に約3㎞離れた、七条通と御前通の交わる辺り。大きな観光名所はなく、地元人が多いエリアでもある。

焼き物の盛り合わせは、小鯛の筒焼き、新筍の含ませ煮、蕗のシャキシャキ煮。

菜の花のからし和えを添えて、春らしい取り合わせ。

以前お目にかかったのも知らずに訪れて「ものすごくきちんと行き届いているお店だな」と思ったのが第一印象（料理長、えらそうにすみません！）。お店の造り、対応、料理、器、何を基準に判断しているのか自分でも明快な答えはないのですが。かれこれ編集ライター業で20年。経験に基づきつつ、企画やリサーチはほとんど直感型。食指が動くか動かないか。刑事じゃないけど、自分の好みも含めて、現場での〝勘〟を大事にしています。

『菜《さい》ノ菜《さい》』は、おかずの菜《さい》や、山海の取り合わせの妙を表す造語。料理長の和食と、次男・王庸《たかのぶ》さんの鉄板焼きを中心に、奥様の家庭料理やお好み焼きがいただけるという、料理の垣根を越えた妙味があります。

初回はおまかせで、お造り、丸大根の焚き物、茶碗蒸し、蟹、サーロインの鉄板焼きをいただき、すじ焼きで〆。「焼きそばもあるよ」と言ってもらったけれど、もうお腹がパンパンで食べられなかったのが心残りで、後日また行ってしまったほど。

黒板メニューには、お造り、焼きふぐ、鯛のあら焚きといった和食が並ぶ中、鉄板焼きメニューのサーロイン、ラムシンステーキ、フォアグラが並び、海老エスニック焼きそばや海老マヨなどがズラリ。メニューの豊富さに驚きながら、迷うことしきり。だって一人で行くと食べられる種類が限られてしまいますから。それで結局、忘れられなかったサーロインに走ってしまいました（笑）。

お好み焼き店を営んでいたお母さん特製のねぎ焼き（すじ）。

村上一さん（右）と店主の王庸さん。

フランベを見ながら出来上がりを待つのも楽しい。

王庸さんによるホテル仕込みの鉄板焼きがいただける。

肉厚でジューシーなサーロインステーキを堪能！

カウンターに座ると、若き店主であり、鉄板焼き担当の王庸さんが目の前でサーロインを焼いてくれます。じゅわっとおいしそうな香りと音に耳をそばだてるのも至福の時間。フランベした火の勢いにワクワク。目の前に出されたミディアムレアのお肉を噛みしめながら、大変おいしく平らげました！

「季節の出会いもんを楽しんで」と料理長。「和食には、筍とわかめの若竹煮など、季節ごとのおいしい組み合わせの〝出会いもん〟がたくさんあります。春は土の中で蓄えられた根菜の旨味や、蕗のとうなどの苦みや、蕗を焚いたときの灰汁まで味わいとしておいしくいただくのが和食のよさでもあります」。

さらに、「一つひとつの枝を伸ばすように、考える知恵をつけていくことが〝技能〟と言えますね。素材を見て、どうすればおいしくいただけるのかを考えて料理するのが私たちの務めです」と深いお言葉。

この道55年、下積み時代は月給８００円で年に2、3回しか休めなかったという厳しい修業を経て紡ぎ出される和食の粋と、家族で営む温かさにあふれたこのお店は、教えたくないけどしみじみ味わってほしい一軒です。

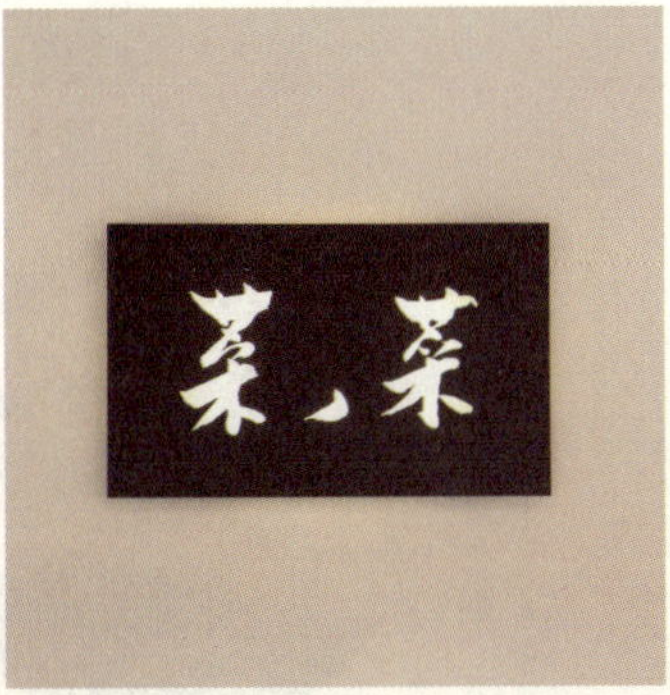

菜ノ菜 御前七条

和食、鉄板焼き、お好み焼き、家庭料理まで、グループや家族それぞれに食べたいメニューを注文できるのがうれしい。サーロインステーキ3000円〜、マグロ刺し身1200円、ねぎ焼き（すじ）680円など多彩。

京都市下京区西七条市部町 78
☎ 075·322·0155 ● MAP P156-C3

食の愉しみを教えてくれる店③　逸品はし長

昼夜ともに高コスパなコースは必食

少しずついろんなものを食べたいという女心を満たしてくれる『逸品《いっぴん》はし長《なが》』。2200円の昼膳を食べてびっくり！　彩りよく、前菜一つとっても、蕪《かぶら》の柚香漬《ゆこうづ》け、きんぴらごぼう、出汁巻玉子、くるみのおかか和え、炊いたお揚げと白菜生ウニのせなどが付き、お造り、吸い物、油物、蒸し物もしくは焚き物までいただけてしまうというコストパフォーマンス。

これほどの内容を、もし祇園で食べるとなったら5000円以上になりそうです。お値打ちではあるものの、ご主人の橋長迫達《のりゆき》さんは、祇園の老舗『鳥居本《とりいもと》』出身のベテラン料理人。一品ごとに手が込んでいて、なおかつちょこっとずついただけるのが魅力的。友人たちが京都に来るときは、よくおすすめしている一軒です。

手間のかかる細かな仕事をされていて、「堅苦しいのは苦手やし」とはにかむ笑顔に穏やかな人柄がうかがえます。夜のおまかせコースも4000円から。大きなカウンターがあるので、一人でも気軽に行けます。

ビル奥の1階にある割烹。カウンター8席、小上がりもある。

いろいろな和食店で経験を積んだ店主の橋長さん。

小柱の真丈の潮仕立て。

蕪の柚香漬けなど 7、8 種が付く前菜。

生湯葉とズワイガニ（3500円コース）。

逸品はし長

四条烏丸からほど近い隠れ家的な割烹で、肩肘張らずに京の味をいただける。月替わりのおまかせコース 4000 円～は、季節感豊かな先付け 5 種から始まる 8 皿のお値打ちな内容。橋長さんの気さくな人柄にもほっとできる。

京都市中京区蛸薬師通高倉西入ル泉正寺町 323
☎ 090・8570・4889　● MAP P158-C4

食の愉しみを教えてくれる店④　祇をん かじ正

祇園のど真ん中で味わう京料理

八坂神社のお膝元、境内を見渡せるビルの一角に穴場のお店があります。祇園界隈にありながら、ビルの3階という立地からか良心的なお値段で京料理を楽しめる『祇をん かじ正《しょう》』。仕出し料理の名店『菱岩《ひしいわ》』で腕を磨いた梶原孝徳《かじはらたかのり》さんが開いたカウンター割烹です。「仕出し料理は、ほとんどお客さんと対面することがない現場。ここでは、カウンター越しに話をしながら料理できるのが楽しいですね」と梶原さん。

この店の名物は、ふるふるの出汁巻。卵5個を惜しげもなく使った出汁巻は、巻き寿司ほどもあろうかという太さ。たっぷりの出汁で、舌触りもなめらかです。

これだけでも満腹感この上ないのに、刺し身、焚き物、椀物、焼き物、肉など6品ほどの料理が付いています。味や食感のバリエーションもあって、食べ応えあり。コースの〆に、喉越しのいいぶっかけの五島うどんを出すのが長崎出身の梶原さん流。アラカルトのコース仕立てもできるので、相談してみて。基本は夜のみの営業ですが、2日前までに予約すれば昼の利用もできます。

八坂神社のすぐ横に建つビルの3階というロケーション。さんさんと差し込む陽光が心地いい。

◉八坂神社
祇園さんの名で親しまれている。日本三大祭の一つ「祇園祭」は八坂神社の祭礼。

ぐじ（赤甘鯛）、野菜のかき揚げ、和牛の塩昆布炒めなどが付く夜のコースは月替わり。

「お客さんとの会話が楽しい」という梶原さん。

名物の出汁巻を目当てに訪れる人も多い。

祇をん かじ正

八坂神社横という好立地にある割烹。鱧の落としや茄子田楽、豚の角煮……と、本格和食からおばんざい、肉料理までお手のもの。夜のコース6480円～1万6200円。昼は基本的に2日前までに要予約。ランチコース3500円～。

京都市東山区祇園町北側300 3F
☎ 075･525･8211　● MAP P157-D1

おいしいものは美しい① 祇園川上

祇園で光る庖丁技と京の粋

美しい味と書いて〝美味《おい》しい〟と読む。いい得て妙だなと思う言葉の一つです。

きらきらした刺し身は美しくて、きちんと魚の味が伝わってきます。これは素材の質だけに関わらず、庖丁の切れ味が大きく作用してきます。切れない庖丁で切ると細胞が崩れ、舌触りが悪くなり、醤油も必要以上に付いて醤油の味しかしなくなってしまう。一方、よく切れる庖丁で引いた刺し身は、ツルリとしていて余分な醤油がしたたり落ちるのです。「庖丁なんて切れればいい」と思っていたら、プロの仕事は成り立たないといいます。料理人さんたちがどのように庖丁と向き合っているのかを知りたくて、50年続く『祇園川上《ぎおんかわかみ》』の二代目・加藤宏幸さんにお話をうかがいました。

毎日手入れするのも料理人の仕事。「庖丁も人も切れ味のある方がいい」と加藤さん。料理の道に入って初めて買った庖丁を今も大事に使っています。名古屋での修業時代、18歳のときに憧れの先輩に相談して買ったもの。毎日研ぎ続けて、買った当

刺し身は味と食感を保つため、冷蔵庫ではなく、クラッシュアイスの保冷庫で保管する。

先代から譲り受けた柳刃庖丁（手前）と18歳のときから愛用している出刃包丁。

刺し身を引く所作も、料理人の心得の一つ。

出刃包丁を巧みに使いこなして、立派な鯛をおろす店主の加藤宏幸さん。

初より小さくなったそう。

最初は怪我をしながら研ぎ方を体で覚え、自分の手にしっくりなじむようになった庖丁は、加藤さんが使い込んできた付き合いの長さを感じさせます。

『祇園川上』は先代の松井新七氏が築き上げた名店。文化人や食通の常連客が愛し続けてきた店を加藤さんが受け継ぎました。そして、先代が愛用していた柳刃包丁を見せてくれました。

「先代の庖丁をいただいたときは、志を受け継ぐという緊張感もあり、あえて自分にプレッシャーをかける意味で気持ちを引き締めました。先代が長年使ってきたクセも残っていて、毎日研いで使って、最近やっと自分になじんできたんですよ」

今も胸に刻んでいる先代の言葉があるといいます。

「よく〝生きのあるままに出す〟と言われましたね。作り置きをせず、鮮度や一番おいしいタイミングを見計らってお出しする。それが〝生きのあるまま〟ということだと思います。カウンターでお客様の目の前で調理する、それこそ割烹の醍醐味ですね。今、自分にある志はすべて先代の教えです」

庖丁や道具を大事にするのはもちろんのこと、道具を扱う所作も大事だと言います。

「先代は、所作も立ち居振る舞いもカッコいい方でね。カウンター割烹はお客様の前

焚き合わせも、素材の美しい切れ味がものを言う。

きれいな切り口の刺し身は食感が違う。

で料理しますから、見られていることを意識して、美しい所作を心がけなければいけません。それも教わりました。

当時、料理人の就職口はいっぱいあって選べる時代でした。僕は先代が庖丁を握っている姿を見て、素敵だなと思って、この店へ入ったんです。そういう姿を見せてもらったことや学んできたことを伝えていかなければならないと思っています」

店の若い料理人さんが接客してくれることもあり、きびきびとしていて、よく気がつく。こういった店の空気感も主人の采配一つ。加藤さんの割烹着の胸にはキャプテンの文字が。店の者はみなチーム加藤の大切なメ

本館のカウンター席ほか、別館の個室でもくつろげる。

ンバーという意味が込められています。

「先輩は後輩を見て育ち、後輩は先輩を敬う。いい空気の中で料理を出すなと思っていただきたいですし、うちの若い子は人がいいと褒めてくださるのがうれしいです。

料理は続けていればいつかできるようになっていくものですが、入ってすぐに庖丁はもたせてもらえません。まずは料理人の心構えやお客様への気配りなどを見て学び、社会人としての常識や料理も含めたもてなしを身につける。調理場はある意味、人間形成の場なんです」


先代の庖丁をいただき、料理人の志を受け継いだ加藤さん。自分が育ててもらったように、今では次世代を育てる立場に。

「自分が身につけてきた尊い財産を与える仕事です」と、今日もチームのキャプテンとして、料理に向き合っています。

祇園川上

祇園の真ん中・花見小路にありながら、観光客はもちろん、地元の人からも根強く愛される正統派の割烹。昼は彩り華やかな二段重ねのちょうちん弁当4100円〜、夜は懐石1万4000円〜。

京都市東山区祇園町南側 570-122
☎ 075·561·2420　● MAP P157-D1

おいしいものは美しい② 千登利亭

京寿司の技術を守り継ぐ

四条大橋から徒歩5分ほど、祇園の一角に佇む京寿司の名店があります。

鯖寿司が好きで、食べることしか考えていなかったのですが、寿司の切れ味にも庖丁が関係していることに気づきました。

『千登利亭《ちどりてい》』は、明治32年（1899）創業。四代目の白子長和《しらこながかず》さんは全国すし技術コンテストの巻き寿司部門で金賞や、卓越技能章などを受賞しているベテラン技能者です。京都で工芸・細工寿司の技術を受け継いだ店だけが加盟できる『京都寿司のれん会』の一員でもあります。

工芸・細工寿司とは、魚介を使って、華やかな慶事などの模様を表現する寿司技術のこと。イカも職人の手にかかれば、花びらのように美しく彩られます。父の昭次《しょうじ》さんも細工寿司の継承者で、父から学んだ技術は長和さんに受け継がれています。

寿司切り庖丁をはじめ、長年にわたって使い込まれた職人の庖丁。

撮影用に作ってもらった細工寿司（普段は注文不可）。

四代目を受け継ぐ、寿司職人の白子長和さん。

大きな寿司切り庖丁で酢飯の断面も美しく切りわける。

壁には葉蘭の細工「飾り葉」の額装が飾られている。

酢飯は滋賀県産米「日本晴」を使い、使うごとに精米する。鯖寿司付きの若狭セットが人気。

　一時は、お座敷でこぞって注文された細工寿司も、今は慶事の特別な日や茶会のみで目にする希少なものになりました。

「京都で最初に細工寿司を披露したのは、祇園縄手の『重兵衛《じゅうべえ》』さんです。素材のきれいな色を引き立てる美しい寿司ですね」と白子さん。一本の鯖寿司を切りわけるときには、大ぶりの寿司庖丁を使います。


リズミカルにトントンと切っているように見えて、ネタとシャリをきれいに切りわけるには技術が必要です。刃先から柄にかけて丸く円を描いた形状が寿司切りの特徴。巻き寿司の断面がきれいに切れていると、口当たりもよく、ネタの味がダイレクトに伝わってきます。

「日によってお米の水分量も違いますから、切り方もコツは要りますね」

　お店の壁には、葉蘭《ばらん》で作られた「飾り葉」という細工ものの額が飾られています。これはまさに庖丁で作られるアートの域！「壽《ことぶき》」の文字や、鶴亀、松竹梅などおめでたいモチーフを庖丁さばき一つで作られているのは見事というほかありません。

　江戸前とはひと味違った京寿司の文化に触れながら、はんなり美しいお寿司を味わってみてはいかがでしょう。

千登利亭

建仁寺に近い、京寿司の名店。秋～春は脂ののった鯖寿司、夏は鱧寿司、冬はむし寿司がおすすめ。店内でいただくなら、鯖寿司に鱧箱寿司、京ちらし、巻寿司、吸い物付きのセット「若狭」1960円がお値打ち。鯖寿司1本（12切）3960円。地方発送も。

京都市東山区団栗通大和大路西入ル六軒町203
☎ 075･561･1907　● MAP P157-D1

おいしいものは美しい③　道具萌えな男たち

庖丁座談会＠隆兵そば

庖丁コーディネータ　**廣瀬康二**　×　料理人　**中村隆兵**（隆兵そば）×　**中野弘子**

中野　廣瀬さんは、扱い方から手入れまで何でも答えてもらえる〝庖丁の師匠〟です。陶器市で買った鋼の庖丁を錆びさせてしまって、どうしたらよいか聞いたとき、ほかのお店の庖丁なのに、クレンザーで磨けばいいよと教えてもらって、庖丁への愛が感じられました。

廣瀬　庖丁は大事に使えば長く使えます。どうしようもないほど錆びてしまっていても、研げばまた再生できるんですよ。

中村　廣瀬さんとは、切り方を変えてもどうにもならない鯉の口当たりをどう解消しようかと思っていたところに出会って、てっさ庖丁を造っていただきました。

廣瀬　食感重視で、通常のてっさ庖丁より薄くしてあります。

中野　なぜ、鯉にてっさ庖丁を使われるのですか？

中村　通常より薄く引いて、食感をよくするためですね。骨抜きで抜けない骨もあるので、そこを庖丁で引いておくといいんです。「骨があたるのが鯉や」という方もお

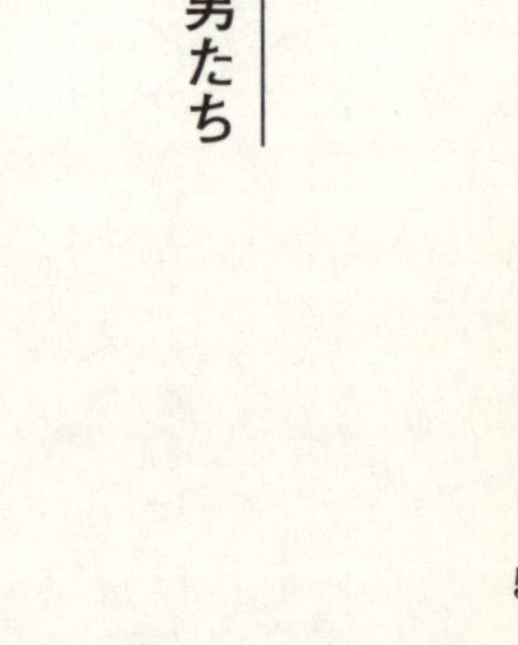

よい道具を持つことで、料理との向き合い方にも緊張感が生まれるという。

られますが。

廣瀬　刺し身は切れ味だけと違って、正確に艶やかに仕上げないといけません。「お造り」とも言いますからね。刺し身を切る、ではなく〝引く〟というのも、引く方が薄く〝造れ〟ますし。通常の刺し身は柳刃庖丁を使います。

中村　修業時代に切れない庖丁を使っていて、何となく自分の研ぎ方で研いでいたんですよ。廣瀬さんの庖丁を使ってから、「あ、庖丁ってこんなに切れるんだ」って気づきました（笑）。今まで自己流でやっていたので、廣瀬さんに研ぎ方を教わって、

庖丁話に花が咲く廣瀬康二さん（写真左）と中村隆兵さん。

手入れも楽しくなりました。まだ切っ先を調整するのは難しいですね。

廣瀬　てっさ庖丁はプロでも研ぐのは難しいですよ。でも、庖丁を見ると、よく守《も》りされているのがわかります。このてっさ庖丁は薄いので、これ以上研ぐと型《かたち》が悪くなりますよ。

中村　欠けるとつい、気になって研ぎすぎてしまうんです。

廣瀬　この庖丁は霞仕上げで、鋼と軟鉄を合わせて造ってある庖丁なんです。霞の肌理《きめ》が美しいですね。食べ物だけじゃなく、ええもんは美しい。用の美、食の美はええもんですね。

中野　以前、いい道具をそろえるだけでなく、厨房の整理整頓も大事だといわれてましたね。

廣瀬　昔から「道具調べ」という言葉があって、道具を見たら仕事の技量がわかるといいます。大工さんもノミとカンナを見れば、いつでも使える状態に整えられているんです。仕事のできる人は整頓されています。

[左から順に]
鎌型薄刃庖丁 6.5寸→大根の桂むきなどに適している
片刃の菜切り庖丁、出刃庖丁 5寸→魚や鶏をさばくのに便利な和庖丁
三徳薄刃庖丁 6.5寸→両刃で万能に仕える和式三徳
黒打菜切庖丁 5.5寸→伝統的な両刃の野菜用庖丁
柳刃刺し身庖丁 8寸→刺し身を引くのに最も適した片刃和庖丁
ペティナイフ 15㎝→果物むきに始まり、用途も広く使える小型ナイフ
牛刀 21㎝（三徳牛刀）→刺し身も引ける、魚・肉・野菜と万能な庖丁
三徳牛刀 17㎝（三徳菜切）→菜切りをベースに造られた万能三徳型庖丁
小出刃庖丁 4寸→アジ切りなど小さな魚に便利な小型出刃庖丁
両刃皮むき庖丁 3.5寸→野菜や栗などの皮むきに便利な和式ペティ

中野　中村さんが次にほしい物は?
中村　天然の砥石ですね。
廣瀬　切れ味をよくする砥石だけでなく、最終的に刃を合わせる『合《あわ》せ砥《ど》』というのがあります。天然ものが一番いい。京都の天然砥石は世界一の価値があるといわれているんです。
中野　天然砥石は最高級品だと何万円もするとお聞きしましたが!?
廣瀬　それでも道具を愛する人はほしくなるものですよ。
中野　道具萌えな会話ですね（笑）。
廣瀬　今日は家庭用の庖丁を持ってきました。
中野　家庭用でこんなに種類があるとは知りませんでした。

家庭用の庖丁も使いわけると料理が愉しくなる

廣瀬　基本の庖丁は、出刃庖丁と鋼の刃先周りを

切れ味のよさは料理の味にも比例する。

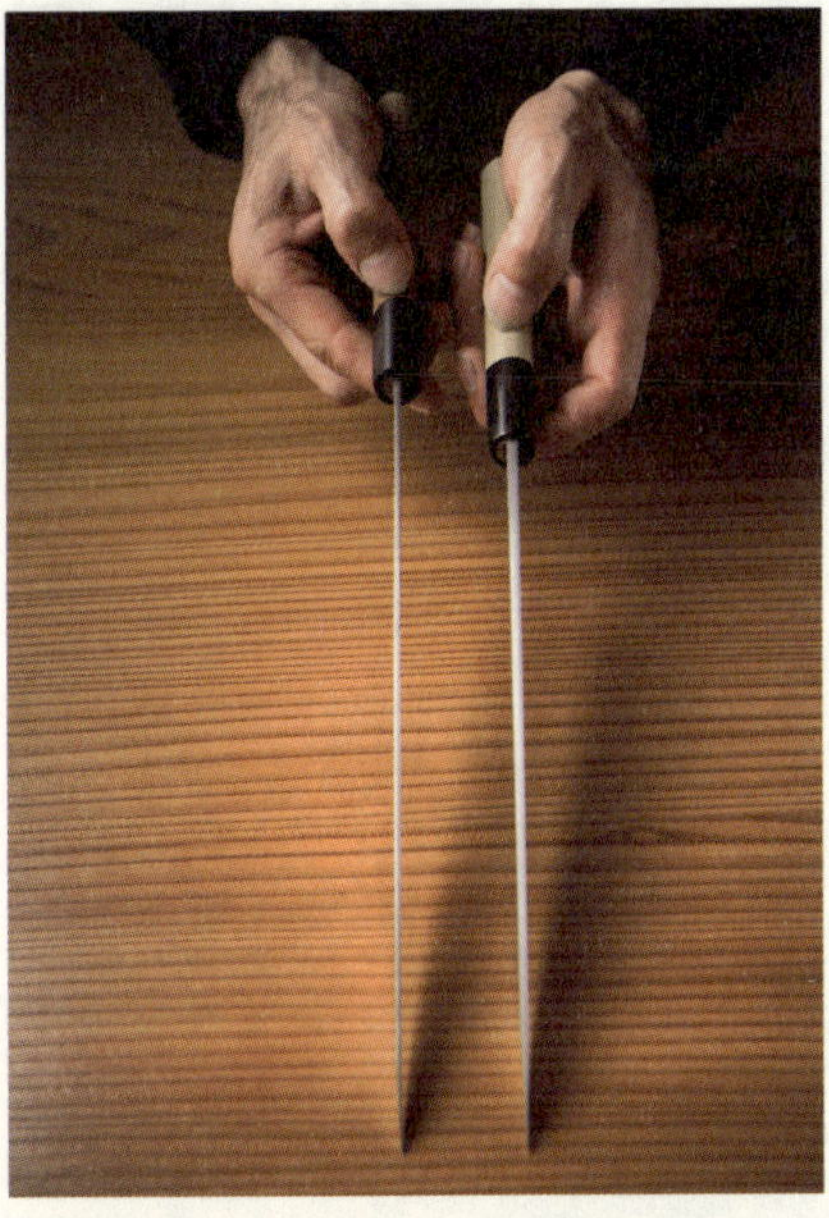
てっさ用をアレンジした特注の庖丁（写真左側）。

ステンレスでカバーした三徳庖丁と、ペティナイフの3本で大丈夫です。

中野 廣瀬さんは常々、庖丁が食育につながるといわれていますね。

廣瀬 家庭用でも、切れない庖丁でトマトを切ると汁が出てしまい、断面もギザギザで口当たりもよくないです。切れる庖丁を使うことで、素材の断面がスパッと切れて、旨味の部分がより多く口に当たるんです。肉や卵焼き一つとっても同じこと。お母さんが作る毎日の料理が庖丁によってよりおいしくなって、家族の食卓が愉しくなればそれが食育かなと思っています。

中野 大事なことですね。それにしても、家庭料理から京料理まで、庖丁って奥が深いですね。素人でも切れ味のよい庖丁を使えば、料理もおいしく仕上がることがわかりました。毎日の一食一食を大事にしていきたいと思います。

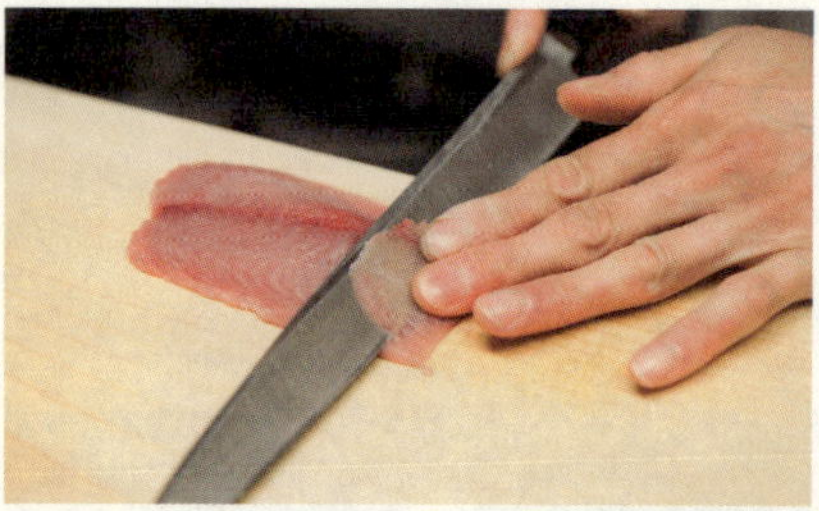
よりよい食感のために薄造りを工夫。

「切れ味を維持するのも料理人の仕事」と中村さん。

鯉の造りとそばが楽しめるお得な昼のミニコース。

最高の道具を造る人、それを使う人。
京都の職人技を知る2軒

隆兵そば

そば中心のコース料理を楽しめる店。焙煎荒挽きそば、ごま豆腐などの「竹籠五種盛り」に、そば、うなぎの飯蒸しなどが付くミニセット2880円。コース昼5960円、夜6480円。味、器、もてなし全てが行き届いており、ミシュラン１つ星獲得というのも納得。

京都市西京区桂浅原町 157
☎ 075･393･7130　● MAP P156-C3

食道具　竹上

庖丁調整士・「庖丁コーディネータ」の廣瀬康二さんが主宰する工房。庖丁を通じて食育などのワークショップも行っている。工房を訪ねる場合は事前連絡が必要。庖丁のオーダーなどについてはHP参照。http://kyototakegami.com

---

京都府南丹市八木町船枝半入 58-2
☎ 0771･20･1604

四条大橋の向こう側　祇園丸山

祇園のステイタスを感じる名料亭

「そら、四条大橋の向こう側に行かんとあかんわ」という私の言葉に、「それってどういう意味があるんですか？」と函館出身の編集者M。「木屋町の安い居酒屋で飲んでいた学生時代から、1本東の先斗町《ぽんとちょう》で飲むようになって、社会人何年目かで祇園デビューするってこと」と私。このやりとりがそのままコーナータイトルになりました。

碁盤の目になった街の中心部を北から南に流れる鴨川には、一条から十条まではほとんどの通りごとに橋が架かっています。四条通に架かる四条大橋の向こう側(東側)は、祇園や宮川町といった花街のある大人の世界。実家が端っこの十条に近かったこともあり、いつの頃からか四条大橋は、「西側の日常から東側の非日常への入り口」を示していました。つまり「四条大橋の向こう側で食べる・飲む」ということは、自分にとって「華やかな大人の世界に一歩踏み入れること」を意味していたのです。

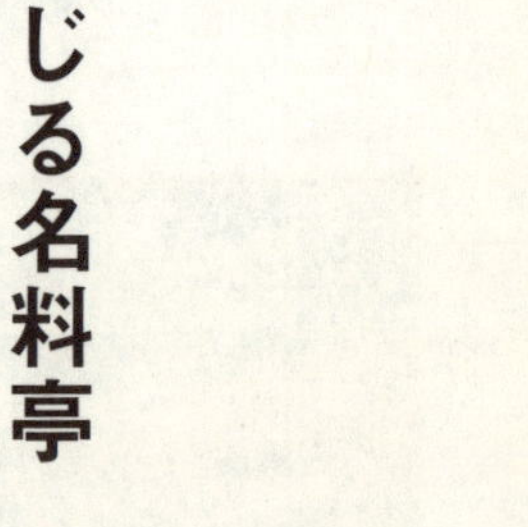

祇園の風情ある街並みを歩いて、暖簾をくぐれば和の世界が待っている。

とはいえ祇園には、京都を代表する高級店から、カジュアルなカフェまでさまざまな店が集結しています。フリーランスになった頃は、見事なくらい外食漬けの日々で、情報収集のロケハンがてら、祇園のレストランやバーにも足を運んでいました。まれに値段も書いていない店があり、一杯だけ飲んで会計し、ホッとしたり、ギョッとしたりすることも。今ほどネットで情報が拾える時代でもなかったので、口コミや足で稼ぐことが多かったのです。最近では、表にメニューを出すお店が増えたおかげで明朗会計。観光客でにぎわうようになり、お会計でひんやりしてしまうことはなくなりました。

『祇園丸山《ぎおんまるやま》』は、名だたる祇園の料亭の中で、取材でもなかなかうかがう機会がなかった憧れのお店。ご主人の丸山嘉桜《よしお》さんは、『木屋町菊乃井（現在の露庵《ろあん》菊乃井）』『高台寺和久傳《わくでん》』の料理長を務め、『祇園丸山』を開店後、世界のVIPをもてなすほ

一代で名料亭を築き上げた店主の丸山嘉桜さん。

上巳禊祓

お雛様を祝う「上巳禊祓（じょうしみそぎのはらい）」をテーマにした料理は、ため息ものの美しさ。

【お献立】

●桜茶

●にごり酒　引盃　かんなべ

●先附

帆立貝焼　うぐいす仕立　貝柱　初筍

生うに　たらの芽　ちらし円度豆　木ノ芽

●上巳禊祓

貝合せ

一、蛤酒蒸し　木ノ芽

二、鉄砲和え（わけぎ　赤貝　とり貝　いか）

三、白魚忍梅卸し加減　しじみ時雨煮　一寸豆

四、くもこ　もずく生姜酢

五、さざえ柔煮　うど黄味酢和え

●椀

清汁　海老真丈　結び紅白　菜種　白舞茸　桃花柚

●向附　季の物

●焼物　まながつお柚庵焼　障子揚げ

松葉刺し　春寒揚げ　きんかん

千車塔　蒸し寿司　梅形生姜

木ノ芽　金糸玉子　いくら

●焚合せ　海老芋あん肝挟み　堀川牛蒡

椎茸　人参　菊菜　ふり柚

●珍味　三種

●後汁　合わせ味噌

●釜飯　氷魚御飯

●香の物　五種

●水物　白小豆亀山　紅白白玉

イチゴ　文旦　マンゴ

バナナシャーベット・ペパーミント

（3月の夜コースの一例）

どの名店を築き上げた方です。

京料理界でその名を轟かせる『祇園丸山』デビューは数年前の秋でした。インタビュー業の師匠に、とある劇団の看板俳優さんと一緒に連れて行ってもらえたのです。一緒にいても恥ずかしくない〝大人〟だと認めてもらわないと、気安く連れて行ってもらえません。

緊張感いっぱいの中でいただいたお食事は、どれも美しく華やか。上質な器やしつらえ、秋の紅葉を映し出す料理の数々に京都の奥深さを感じながら、「ようやく本当の意味で、四条大橋の向こう側を渡れるようになったね」と言われているような心持ちになったことが今も鮮明に思い出されます。

丸山嘉桜さんにそのときの話をしたら、「渡ろうとしているときは流行を追っている最中。ときが来るのを待って、ようやく自分のペースで橋を渡れるときが来たんでしょうね」との言葉。

金蒔絵の椀には、海老真丈に結び紅白が映える。

玄関先の和の風情も素敵。

うぐいす円度豆に彩られた帆立貝焼。

永楽の釣り灯籠、原在中の軸などでしつらえられた「花の間」。芸舞妓のお座敷遊びもできる、もてなし空間。

また、「背伸びするのは財のことではなく、知識の方」と丸山さん。この言葉は、知ったかぶりの知識ではなく、貪欲に知識を学びなさい、知恵をつけて工夫を重ねれば、もっと成長できるんですよ、と言ってくださったのかなと解釈しています。

先日、勇気を出して一人でお店のカウンターにうかがいました。この日の料理は、新年を言祝《ことほ》ぐ料理尽くし。金銀の水引がかけられた鮑の袱紗仕立てに始まり、「運がつきますように」という思いを込めた大きな宝楽焼の器に寒天やポンカンなどの「七運盛り」、ぐじの蕪蒸しなど、季節の旬を凝縮した料理をいただきました。大きな宝楽焼を手に取って開けるときのワクワクした気持ちをかき立てるのも心憎い演出です。

〝見立て〟の妙味といい、器との取り合わせも、美しい！の一言に尽きます。料理が出される間合いも絶妙で、極上の時間をゆっくりと堪能できました。

お皿の中にある食べ物だけでなく、外のものも大事。素材の色、香り、その場の温度という形のないものを包み込んでいる京料理を通じて、和の文化や、共有している時間を味わえるのが魅力です。

さりげなく飾られた花や書画から、もてなしの心や趣向をくみ取って、もっと深く感じ取れるようになりたい。そう思わせてくれる出会いこそ、価値ある体験なのだと思います。

祇園丸山

茶の湯にも精通し、「味つけよりも味わいを」と深い思いで料理に向き合う丸山さんの料理が堪能できる。カウンター席もあり、一人でも行ける。昼の懐石7452円〜、夜1万8630円〜。今回紹介している献立は夜メニュー1人1万8630円〜。料理はすべて要予約。

京都市東山区祇園町南側570-171
☎075·525·0009　● MAP P157-D1

体が喜ぶカフェ&レストラン

素材を味わえるおすすめの3軒

雰囲気がよくて、おいしくて、ヘルシーだったら願ったり叶ったり。おまけに昼間にちょっと飲みたいなと思ったら、ワインなんかもいただけて……。そんな気まぐれ感たっぷりのカフェ時間を満たしてくれるお店があります。

『& noma CAFE《アンドノマカフェ》』がある岡崎界隈は、平安神宮に近く、京都市美術館や京都国立近代美術館、細見美術館など、アートスポットが立ち並ぶエリア。しょっちゅうとまではいかないけれど、この辺に来たときは立ち寄りたくなります。桜並木が続く琵琶湖疏水べりを歩いて訪ねる雰囲気も好き。大きな窓からはこの風景が見られます。

オーナーは、隣接のギャラリーと同じ、今村京美さん。ギャラリーでは、北欧ヴィンテージのテーブルウェアから、スウェーデンのグラスといった海外で買い付けた雑貨、京都在住の作家ものまで取り扱っています。カフェも今村さんのセンスが随所に光り、ディスプレイも洗練された雰囲気。カフェの中央にある大きなテーブルと照明

『& noma CAFE』では、お花屋さんが手がけるコンフィチュールなど、おいしいセレクトフードも販売。

ヨーロッパのおうちのようなしゃれた空間。

ワインと合わせたい『梶谷農園』のたっぷりグリーンサラダ。

おそろいの制服をかわいらしく着こなす『& noma CAFE』スタッフの皆さん。

がこのカフェの世界観を語っているようです。

体が喜ぶポイントは、野菜をたっぷり楽しめること。「野菜が足りない!」と思ったときは、高温のスチームコンベクションで野菜の味を凝縮させた温野菜サラダセットや、梶谷農園のたっぷりグリーンサラダセットをいただきます。温野菜か生野菜かはその日の気分でチョイス。どのプレートも、ちょこっとドリンク付きにできるので、迷わずグラスワインを頼みます。ヘルシーな上に、ワインがよく合う。パンもくだんのスチームコンベクションで温めてもらうと、サクッとしっとり。オリーブオイルとの相性も抜群です。フレンチフライ(ポテト)もジャガイモの旨味が引き出されていて絶品。オーナーが「ポテトとビールを楽しんでもらいたい」との思いからカフェを始めたという話を聞いて、その理由がよくわかりました。カフェの域を超えたおいしいメニューと上質な時間がとても心地いいお店です。

スチームコンベクションで調理した温野菜のサラダ。

『栞栞《しおりしおり》カフェ』は、食の安心安全を貫く『松富《まつとみ》や壽』の姉妹店。オーナー自ら各地の生産者を訪ねて納得した食材のみを使っています。豆腐は大豆の味わいが、野菜も本来の旨味を感じられます。

特に、玄米ご飯のおいしさに驚きました。従来の「ボソボソしている」というイメージに反して、ふっくらしっとり。ご飯でお代わりすることがあまりない私が、「大盛りにすればよかった」とつくづく思うくらいおいしかったのです。

その理由は米の管理と炊き方にあります。一年に一度、決まった生産者から玄米を仕入れ、倉庫で一定の温度を保ち保管。調理の際は、加水してから15時間ほど冷蔵庫で冷やす(冷蔵温度は野菜室で10℃以下が望ましい)。水加減は白米を炊くのと同じで、炊飯器の白米モードでもおいしく炊き上がるそう。粒がパチンと弾けていて、本来の甘みも感じられる玄米ご飯ならいくらでも食べられてしまいます。もちろん食べ過ぎはよくないですが(笑)。

塩麹を使ったメニューもいろいろ。鶏のフライにも塩麹を使い、ソースをかけなくても食べ応えのある味わいに。チキンカツのふっくらとした食感もまた驚きです。こちらもカフェの域を超えた、おいしいご飯が味わえるお店です。

竹屋町通に面した町家の『栞栞カフェ』。

◉スチームコンベクション
スチーム(水蒸気)とコンベクションオーブン(熱風)の量を調節して煮る、炊く、炒めるなどの多機能加熱調理ができる。

◉梶谷農園
広島県三原市にある農園。梶谷さんが手がけるハーブや野菜は全国の有名レストランから依頼を受けるほど信頼が厚い。

いつも元気な『栞栞カフェ』の店長・志田さん。

塩麹で旨味も食感もアップのチキンカツ。

吹き抜けになった開放的な町家空間。

『ピニョ食堂』は、スパイシーで濃い味という韓国料理の概念を変えた一軒。

「韓国料理って奥が深いんですよ」と話す店主の全敞一《チョン・チャン・イル》さんは、自身も韓国料理研究家のなすんじゃ先生と出会ったことがきっかけで、料理の間口が広がったといいます。昔ながらのコチュジャンの作り方を教わるなど先生に師事し、『ピニョ食堂』を開店。家庭的な料理が味わえるとあって、界隈でも評判のお店になりました。

コチュジャンは発酵食品の仲間。発酵調味料として、塩麹や甘麹も人気がありますが、コチュジャンも麹を使った発酵調味料で、唐辛子が加わることで新陳代謝を促してくれる優れものとか。韓国では味噌のように家庭で作るコチュジャン料理が多数あることに驚きました。ピニョ食堂の料理はどれも味わい深くて、しみじみ優しい。表現が合っているかわかりませんが、韓国料理のマクロビ版と思っていただければ、その優しさが伝わるかなと思います。

かわいい絵付きのメニューはどれも気になるものばかり。基本はおかず3品とご飯とスープの定食。この日は友人と2つのメニューを

『ピニョ食堂』のコンビヂチゲ定食。

◉なすんじゃ先生
京都でキッチンスタジオ『韓国料理ラボ ねんね』を主宰。韓国の歴史を背景として育まれた食文化、韓国伝統料理（宮廷料理、地方料理、家庭料理）を研究。著書『こんなに使える手作りコチュジャン』がおすすめ。

オーダーしてシェア。1品目のセンチェピビンパは生野菜たっぷりで、熱々の味噌スープをかけてぐちゃぐちゃっと混ぜていただきます。野菜の彩りを見ているだけでヘルシー感満載。2品目は、まったく初めて体験のコンビヂチゲ。コンは韓国語で豆の意味で、いりこ出汁とすりつぶした大豆がたっぷり。コクのあるスープには、キムチや豚肉が入っているそう。辛さはほとんどなく、温かくて優しい味わいにすっかりリラックスしてしまいました。

昼夜どちらも同じメニューの定食スタイル。一人でふらっと入りやすいので、ランチは行列していることも。牛スネ肉をアミの塩辛でいただく「スユッ」や、チヂミ風の「煎《チョン》」を肴にいただくマッコリの味を覚えてしまったので、夜の出没率も増えそうです。

全敞一さんと咲子さん夫妻で切り盛りする心地いい店。

7色の鮮やかさもごちそう、センチェピビンパ。

安全な野菜、お米、調味料にこだわった しみじみおいしいカフェ＆食堂

& noma CAFE

ハイセンスなギャラリー＆ショップを併設した、岡崎アートエリアにふさわしいカフェ。温野菜サラダやグリーンサラダのセットはパン、スープ付きで1300円。＋300円でワインや生ビールなどのちょこっとドリンク付きにできる。

京都市左京区岡崎円勝寺町36-1
☎ 075·752·3157　● MAP P157-B2

栞栞カフェ

二条城そばの静かな住宅街に佇む町家カフェ。塩麹や豆乳を使ったフードが豊富。但馬味どりチキンカツ（日替わりスープ付き）890円、特製ベジカレー810円など。姉妹店の『松富や壽』（MAP P158-C4）では昼におばんざいバイキングを実施。

京都市中京区竹屋町通小川東入ル東竹屋町422
☎ 075·221·6699　● MAP P158-B3

ピニョ食堂

在日三世の全敞一さんが夫婦で営む、ほっこりできるカフェ風韓国食堂。センチェピビンパ1100円、コンビヂチゲ850円など、昼夜ともに雑穀米ご飯と総菜付きの定食がいただける。夜はスユッ600円、煎3枚450円などお酒に合うメニューも。

京都市左京区孫橋町18-3
☎ 075·746·2444　● MAP P157-B1

多くの料理人が信頼する　吉田パン工房

パン職人の情熱はどこまでも熱く

人の縁とは不思議なもので、必要なときに助け船を出してもらって乗り越えられたことがたくさんあります。進路に悩んだときも、業界に入ったときも、いろいろありました。だから、進むべき道に悩んでいる人に会うと、お節介なアドバイスをしてしまうことも。あくまでも自分なりの視点ですが「こうしはったらもっとよくなるのになあ」と、その人に対して〝もったいないセンサー〟がピピピと作動してしまうと、お構いなしに話してしまうきらいがあります。

『御多福珈琲』のカウンターで出会ったパン職人の吉田祐治さんも、その一人。
吉田さんは、山梨県生まれ。工業高校を卒業後、会社勤めを経て、京都の有名なパン屋さんでみっちり修業。パン職人の仕事は体力勝負で、出会った当初は、店を退職し、飲食店でアルバイトをしていました。
友人の厨房を借りてパンを焼き、手づくり市に出店するなど、パンの世界からは遠

京都の有名レストランからの依頼がひきもきらない吉田パン。東京のレストランへの卸販売も進行中。

◉ビストロスポンタネ
宮川町のフレンチレストラン。現在は大原野に移転し、『レストランスポンタネ』として営業中。

ざからずにいるものの、どういう形でやるべきか、未来を模索中だったようです。
そこでお気の毒にも私のセンサーがピピピと来てしまい、会ったばかりの人に向かって厳しいことも言いました。その上、手帳に「パンでやっていきます」と一筆書かせてしまうという暴挙まで……。人柄がいいので、素直に書いてくれたのですが、もう若気の至りというほかありませんね。

『ビストロスポンタネ』のオーナーシェフ・谷岡博之さんのお顔が浮かび、吉田さんをランチにご招待。谷岡シェフは「パンを焼きたいのか」といって相談に乗り、京都の料理人が集まるワイン会のシェフを紹介してくださいました。

自分の焼いたパンをもっていざ、シェフのもとへ。その日は名だたるシェフの集いがあり、そこで当時の京都ホテル『ピトレスク』のシェフ・上島康二さんと出会い、独立して開くレストラン『ル・サルモン・ドール』のパンを依頼されたのです。

その後、たくさんの人に支えられ、念願の『吉田パン工房』をオープン。何年も一人で工房を切り盛りし、今ではスタッフを抱えるまでに。レストランへの卸専門の工房は、料理人から厚い信頼を得るまでになりました。

◉ル・サルモン・ドール
祇園新橋の辰巳神社前に佇む上島康二シェフのレストラン。シェフのリクエストに応えて作った吉田パンもいただける。

日夜、パン作りに打ち込んでいる吉田祐治さん。

一人で始めた工房は今やスタッフを抱えるまでに。

店によって配合を変えるなど、ニーズに応える。

元気に頑張る吉田さんとの再会ショット。

「**パンのおかげで自分に芯が通りました。**マニアックなパンと言われますが、イメージを表現して形にできることが楽しい。パンを通して評価していただくことで、パンのことだけにとどまらず、社会やいろんなものごとについても、ようやく発言できるようになってきました」と吉田さん。

数年ぶりに会っても相変わらず、パンの話がマニアックすぎて理解しきれないのですが（笑）。パンへの情熱は健在。パンのおいしさも進化して、ますます楽しみです。

レストランで『吉田パン』の文字を見つけるたび、「余計なお節介も少しは役に立ったんだな」とうれしく思っています。

吉田パン工房のパンが
いただけるレストラン

イタリアンコーラル（長楽館）
イル・ピアーノ
インザグリーン
オステリア・イル・カント・デル・マッジョ
リストランテ キメラ
京都ネーゼ
K 620
山玄茶
サンタ・マリア・ノヴェッラ・ティサネリーア京都
ブリーク
シトロン・ブレ
ティーサロンばらの木
Cucina Italiana 東洞
ハニービー京都
ビストロC
ビストロヤナギハラ
ポルタ
先斗町禊川
メシャンルー
ラ・プレーヌ・リュヌ
リプトン三条店
ルーコラ
ル・キャトー・ズィエム
ル・サルモン・ドール
ル・シェーヌ（長楽館）
ル・ピック アシェット
レジョン
レストランナガタケ
レストラン・ルナール・ブルー

（50音順）

吉田パン工房のパンが買える店

ワインショップ　エーテルヴァイン岡崎

各国から選りすぐったワインを店頭＆HPで販売。吉田パンは毎週水の19時までHPで予約を受け付け、土・日に店頭で受け渡し。カンパーニュ1000円、レーズンのパン750円。運がよければ、土・日の店頭販売日にバゲット380円に出合えるかも。http://www.ethelvine.com/

京都市左京区岡崎最勝寺町2-8
☎ 075·761·6577　● MAP P157-B1

Column 2

コーディネーターから見た京都

独特のルールではあるものの、知っておきたい和空間のこと。

和の空間が多い京都。お寺や旧家の構造は、マンションなどの日常空間とは勝手が違って、引き戸の開け方ひとつにしても戸惑ってしまうことがよくあります。襖を開けたら床の間に体育座りをしている人がいてギョッとしたとか、テレビクルーが重たい三脚を勢いよく下ろしてお寺の床を割ってしまったとか、庭の苔を踏んで出入り禁止になったとか、そういうコワーイ話をよく耳にします。

町家やお寺を拝観しているとき、竹でできた「結界」と呼ばれる柵があり、知らない人たちは平気でまたいで行くのですが、庭に紐を巻いた「関守石（せきもりいし）」（上写真）と同じく、その先が立ち入り禁止区域であることを示しています。いちいち張り紙に書くと風情もなくなるので、そういった道具で知らせるのが和の文化です。大きな観光寺院では、国も風習も違う人々が多く訪れることもあって、「触るな」「立ち入り禁止」と書かれた張り紙があちこちに貼られていたり、畳の上を平気で旅行キャスターをゴロゴロ引いて歩く人もあると聞いて、ちょっぴり切なくなることも……。

正座は足が痛くなるし、畳の縁を踏んではいけないとか、いろいろなタブーもありますが、構造や決まり事を知っておけば、侘びさびの心や癒やしといった、和の文化特有の体験をさせてくれる場所。わからないことがあればその場でどんどん聞いて、観光を楽しんでください。

第3章

煩悩京都

むしろ濃い味　京の食

「おいしい」に貪欲な京都人

京都人が薄味!?　地元の私としてはちょっと微妙に違う気がします。都があったことから、おいしいものが続々と集結してくる京都は、食べることへのアンテナが高い。食欲そのものというより、素材のおいしさを引き出して、よりおいしく食べることに貪欲というか。単に濃い味好きだけでなく、食の追求心が〝濃い〟。そういう意味合いも含んだ、内容もひと味濃いお店を紹介します。

ごちそうの代名詞ともいうべき、すき焼き。京都人はすき焼き好きが多く、家庭でも好んでよく食べます。家ではお父さんが調理を担当することが多く、友人の恒例すき焼きデーに招かれたときも、お父さんが自ら振る舞ってくれます。京男は鍋奉行ならぬ、すき焼き奉行も多いのです。

肉といえば、ほとんど牛肉をイメージ。鶏の場合は鶏の水炊き、鶏すき、とわざわざ食材名をつけて話すので、すき焼きも「牛肉が当たり前でしょ。それが何か!?」く

2週間かけて「ドビソース」を仕込む『グリル小宝』の畠中正之さん。72歳の現役シェフ。

『グリル小宝』の和牛ハンバーグステーキ。

トロトロのお肉がいただける、『いろは』のすき焼き。

『シトロン・ブレ』ランチの国産牛のステーキ丼プレート。

『グリル小宝』のオムライス（中）とヤキメシ。

らいの勢いです（笑）。

高級感が味わえて、良心的でおいしい『すきやきいろは北店《きたみせ》』。元お茶屋さんだった建物はすべて個室で、大小いろいろな部屋があり、現代作家とコラボした襖もしゃれています。県外の肉好き友達は和の風情とすき焼きが味わえるとあって、とても気に入ってくれます。

京都牛ロースを使い、ざらめよりも少し大ぶりの砂糖と割下で味付けした肉は柔らかで旨味たっぷり。続いて、肉の旨味を移した年代物の鉄鍋で、長ネギ、タマネギ、豆腐、麩、糸こんにゃくをいただく。この濃厚な味わいが心もお腹も幸福感いっぱいに満たしてくれます。

ランチで行くのが、錦市場近くの『シトロン・ブレ』。パリの有名レストランで修業した長野シェフが腕を振るう、ステーキフリットがおすすめ。肉の旨味を凝縮させた焼き方で濃厚な味わい。ワンプレートスタイルの気軽さも気に入っています。

肉に続いて、洋食店も多い京都。オムライスだけでも何軒か名前を挙げられます。それほど洋食店が多いのも、濃い味が京都人にとって日常食であることを物語っています。

『グリル小宝《こだから》』のオムライスは、質、量、お値段ともに納得の一品。ビーフとポークの入ったケチャップライスのオムライスは長年のファンが多い。いろいろ食べたいというリクエストに応え、小サイズもお目見えしたのがうれしいです。

オムライスもさることながら、ヤキメシも絶品。チキンカツ、クリームコロッケ、100%ビーフのハンバーグなど、いつもどれを注文するかでしばらく悩むほど。揺れた末に結局オムライスに軍配が上がるのですが、いろいろ食べたい場合は、ぜひ2人以上で行くことをおすすめします。

『シトロン・ブレ』のステーキフリット。

『居酒屋樽八』の中華そば。

麺類の激戦区という一面をもつ京都。その中で海鮮ものが豊富な『居酒屋樽八《たるはち》』では、居酒屋メニューにまざって専門店顔負けの中華そばがいただけます。利尻昆布とげんこつ（豚丸骨）で取った出汁と全国から選りすぐった醤油で作る特製スープは、仕上げに散らした背脂と相まって、あっさりしているのにコクがあり、これだけでもわざわざ食べに行く価値があります。

毎日行列の絶えない『日の出うどん』で常連客が注文するのは、おあげと肉の入った「特カレーうどん」。鰹と昆布ベースの出汁に、徳島の薄口醤油とカレー粉で作るオリジナル。口に入れた途端、カレーの辛みが来た後に、旨味が残るのは、しっかり取った出汁のおかげ。この深みのある味わいはクセになるおいしさです。

この店ではあえてうどんではなく、中華麺にするのが京都ツウの食べ方。うどんと違って重くなりすぎず、さらりといただけて出汁までしっかり味わえるのでおすすめです。

うどん、そば、中華麺の３種から選べる。

『日の出うどん』の特カレーうどん（中華麺）。

実は濃い味好きの京都人。
無性に食べたくなる味がここにある

すきやきいろは北店

明治44年（1911）創業のすき焼きの老舗。先斗町通にあり、京都らしい風情を感じながら訪ねられる雰囲気もおすすめ。すき焼き1人6000円〜。

京都市中京区先斗町通四条上ル鍋屋町215
☎075·221·0403
● MAP P157-C1

シトロン・ブレ

街中レストランバル。ランチのステーキ丼980円〜、ステーキフリット1880円〜。国産牛のたたき、豚足のテリーヌ各1000円、グラスワイン650円〜。

京都市中京区麩屋町通四条上ル枡屋町514
☎075·708·6664
● MAP P158-C4

グリル小宝

昭和36年に創業、平安神宮近くにある洋食店。ボリューム満点のメニューがそろう。名物のオムライス（小）650円〜、ヤキメシ950円、ハンバーグステーキ1750円。

京都市左京区岡崎北御所町46
☎075·771·5893
● MAP P157-B2

居酒屋樽八

百万遍で、新鮮な海鮮メニューが楽しめる大人の居酒屋。刺し身の盛り合わせ1600円〜。日曜は若狭からのかつぎで届く魚介も。〆の中華そば670円〜も人気。

京都市左京区田中門前町67
☎075·721·8080
● MAP P156-B4

日の出うどん

南禅寺や永観堂に近いうどん店。1日100〜150食のオーダーのうち、カレーうどんは約8割を占める名物。わかめカレーうどん850円、特カレーうどん1000円。

京都市左京区南禅寺北ノ坊町36
☎075·751·9251
● MAP P156-B4

酔いどれ京都

今宵も京都の夜は更けていく

毎日が飲みニケーション。取材続きの帰り道は酒場に出歩き、原稿書きが山盛りあるときは家飲み。コミュニケーションはほとんど自分との対話みたいなものですが。お酒はふっと心を緩めてくれる大切なもの。一人飲みだけでなく、年齢や職業も関係なく話せる仲間たちもいて、楽しく飲んでいます。

飲みニケーションは大きくわけて3つ。県外からの友人たちとのおしゃれ飲み。逆に「こんな京都もあるよ」的な料理と肴のおいしい居酒屋飲み。そして、最近の女子会は家飲みが多くなりました。

京都には、飲みたいお酒やシーンで選べるお店がたくさんあります。お酒のテーマで一冊書けそうなくらいの酒場がありますが、ほかのページにもいろいろ掲載しているので、ここでは先ほどの3タイプの酔いどれスポットを紹介しておきます。

『うえと salon&bar《サロンアンドバー》』は、一見してバーとははっきりわからない。中に入っ

『うえと』にて、キンカンとジンのカクテル1300円、カルヴァドスのハイボール1000円。

メニューはないので、店主の上田太一郎さんに好みを伝えるのが『うえと』スタイル。

おいしい自家製プリン 500円。

山椒のウオッカトニック 1100円。

昼夜で変わる雰囲気もいい。

てもメニューがなくて、注文の仕方に戸惑っていると、「何でもお好みをいっていただければ」と店主の上田太一郎さん。何がおすすめかも見当がつかなかったので、「とりあえず、グレンリベットのハイボール」と頼んだと記憶しています。まずは一杯飲みながら、どんなものがあるかリサーチ。

あるときはキンカンとジンのカクテルでキンカンの実まで味わい、あるときはカルヴァドスのハイボールでガツンと感を満喫。

さらに、山椒のウオッカトニックがあると聞いていただいてみると、異色の組み合わせにかなり驚きました。シロックに山椒を3日〜1週間漬けて取り出し、1カ月ほど寝かせた上田さんのオリジナル。

とある料理店で出された、ご飯とめざしにヒントを得て考案。めざしもあると聞いて、つまみながら飲んでみると、これがまたよく合います。和食からヒントを得たイメージを形に表せるのは、上田さんのバーテンダーセンスなのでしょう。

土壁に一輪飾られた花に侘びを感じ、不思議と心が落ち着きます。現代の数寄屋の香りを漂わせる店内は、以前、上田さんが働いていた『酒陶柳野《しゅとうやなぎの》』と同じ木島徹氏の設計です。この空間構成といい、自分にないものに触れ、この道で行こうと決めた柳野浩成さんへのリスペクトも感じられます。

「飲む、食べるという日常から、空間、人、グラス一つにしても、いかに非日常を感

●カルヴァドス
リンゴを原料に、フランス・ノルマンディー地方で作られている蒸留酒。

●シロック
ブドウから作られるウオッカ。

●酒陶柳野
中京区三条通新町にある洗練された大人のバー空間。

じてもらえるかを大事にしています」

兵庫、大阪で飲食業界を経験し、サラリーマンもしていた上田さん。結婚を機に訪れた京都に『うえと』を開店して4年が経ちました。

私と友人とのとある会話。「昨日どこのバーに行ったん?」「うえとさんやで」「あそこはええバーやね」と、同じような会話を何人かと交わしたことがあります。

メニューがなくてドキドキする分、上田さんとの会話を通して、お店の秘密の引き出しを一つひとつ開けていくような楽しみがここにあります。

『遊亀《ゆうき》祇園』は前々から祇園にいい店があると聞いていて、仕事仲間と訪れました。実は赤い格子の玄関の前を通るたびに気になっていたお店。

滋賀県彦根市にある創業160年の老舗酒造『岡村本家』直営の居酒屋。銘酒「金亀」と多様な酒の肴を味わえます。40、50と書かれているのが金亀の精米歩合で、それがそのままメニュー名になっているのもユニーク。「長寿金亀 白80」など、いかにもおめでたい感じで、パンチのありそうなお酒の空気を醸し出しています。

近海もののお造り、焼き魚、フライ、季節ものの食材を使った豊富なメニューなど、お酒の進みそうなものばかり。居酒屋といっても、ちょっとした料理屋クラスで、なのにリーズナブルな価格がうれしい。

1階はコの字型のカウンター席で、地元の常連さんと観光客も混ざって、常ににぎわっている活気、グラスになみなみと注がれる酔いどれ感が心地いい。

◉岡村本家
安政元年(1854)創業の滋賀の蔵元。近江米と鈴鹿山脈の伏流水を使い、昔ながらの「木槽袋(きぶねふくろ)搾り」で醸造。銘酒「金亀」と「大星」がある。

グラスいっぱいの日本酒『長寿金亀』。

祇園で飲める気軽さがいい『遊亀祇園』。

魚介ものが充実しているのもうれしい。

日本酒が進むメニューが盛りだくさん。

ワイングラスで無料試飲もできる『カーヴ田中屋』。

店主の田中竜也さんとのワイン談義も楽しい。

家飲みワインの心強い味方といえば、『カーヴ田中屋』の田中竜也さん。カーヴ（蔵）をイメージした店内で、豊富なワイン知識で自分好みのワインをセレクトしてくれます。平成24年にお店ができた頃は、赤いドレープカーテンのある店内にワイン棚が並ぶ雰囲気から、ワインバーができたのかなと思っていました。というのも、お客さんは大きなテーブルの前に座ってグラスワインを傾けながら店主とお話ししている光景をよく目にしていたからです。試飲といえばプラスチックコップに香りだけ……くらいの感覚ですが、こちらは常時2種類ほどのワインをグラスできちんと飲ませてくれて、試飲した味をもとに納得して買えるところが魅力です。特にお持たせワインを買うときにとても助かっています。

京都で『マキコレワイン』が買えるのはここだけ。〝マキコレ〟は、フランスで生産者になれる資格をもつ金井麻紀子さんのワインコレクション。「体に優しくおいしいワイン」をテーマに、オーガニックで酸化防止剤を極力控えたワインをセレクトしています。

田中さんは、「このワインを飲んで、ブドウの味がする！と驚きました。酸化防止剤で頭も痛くならないですし、このワインをたくさんの方に知っていただきたいと思ったんです」と、大阪でマキコレを扱うショップで卸し部門を担当して、独立しました。「日本人の味覚においしいと感じるワインを食卓に届けたい」という田中さんのワインへの愛とリスペクトを間近に感じながら、お気に入りの一本を見つけてください。

◉マキコレワイン
群馬県桐生市のワインショップ『かない屋』の一人娘・金井麻紀子さんが、フランス在住中に出会った300軒以上の生産者を通じて選び抜いたオーガニックワインのコレクション。

おしゃれ飲み・居酒屋飲み・家飲み
取材抜きで行く私の定番

うえと salon&bar

昼下がりからワインやカクテルを楽しめる。「お酒が飲めない方もどうぞ」とコーヒーやフルーツドリンクも用意。カクテルは1000円くらいから。鴨スモークのカスクート（ポテトサラダ付き）800円。

京都市東山区三条白川橋西入ル南側今小路町91-1
☎075・751・5117　●MAP P157-C2

遊亀祇園

滋賀の「金亀」酒造『岡村本家』直営とあって、魚介を中心とした近江の味や酒蔵料理など、日本酒に合う料理も豊富。日本酒グラス250円〜、とっくり450円〜。串、ハムカツなど300円〜。京生麩の揚げ出しなど京都を感じる一品も充実。

京都市東山区富永町111-1
☎075・525・2666　●MAP P157-C1

カーヴ田中屋

日本全国の各都道府県で1店舗のみ取引できるとされる「マキコレワイン」を扱う。1本1800円〜。「笑顔が広がるワイン」をテーマに、ワインの販売やイベントを行っている。

京都市下京区新町通綾小路下ル船鉾町378-2
☎075・276・6151　●MAP P158-D3

物欲が止まらない！① ラブリースイーツ

進化し続ける京都のお菓子

とどまることを知らない物欲。仕事柄、ひっきりなしにいろんなお店に行くので、素敵なものとの出合いがたくさんあって大変！　特に、紙ものとちまちまとしたかわいらしいものには目がありません。パッケージがかわいいと即、ジャケ買い。特にスイーツは見つけたときに食べておくと、おみやげ選びに役立ちます。パッケージに工夫があって、サプライズ感とおいしさを叶えてくれるお気に入りのラブリースイーツを紹介します。

一つ目はお重に入った『吉廼家《よしのや》』の「おとぎ草子」。古くから伝わる掌編にちなんでこの名がつけられたお菓子です。おそるおそる、お重の中を開けると、16個の仕切りに小さな和菓子がびっしりと並べられていました。手のひらに5、6個のせても大丈夫なくらい小さなスケール感。

リンゴを模した和菓子は本物のような仕上がり。じょうよ饅頭もきんとんも練り切

1段16個入りで、3段まであるお菓子の重箱。すべて違う種類というから驚き。

◉ジャケ買い
中身のことをあまりよく知らなくても、パッケージデザインの好みや第一印象で購入すること。

◉じょうよ饅頭
大和芋、山芋、つくね芋といった「薯蕷（じょうよ）芋」を饅頭の皮に用いた蒸し菓子のこと。「上用饅頭」と書くことも。

お菓子は小さいサイズでもクオリティはレギュラーサイズ。リンゴは季節を問わず、必ず1個入っている。

りも、従来の大きさを凝縮させた出来映えです。友人たちとどれを食べるか選びながら、お茶時間が楽しめます。

扇形のピースを組み合わせて形作る落雁を発売し、和菓子界に新風を巻き起こした『UCHU《ウチュウ》 wagashi《ワガシ》』。グラフィックデザイナーの木本勝也さんが「伝統を積み重ねていくように100年続く和菓子にしたい」と考案したもの。色鮮やかで飽きの来ないコンセプトは、大人女子の心をがっつり捉えています。

平成26年11月、かねてより噂になっていた『UCHU wagashi FUKIYOSE』をオープン。店名の吹き寄せとは、様々な木の葉が風に吹かれて寄せられる姿に重ねて、京都、伝統、味わいなど、木本さんの描くテーマを包括したお店。カラフルな金平糖とテーマごとにデザインされた和三盆の干菓子を詰め合わせたお菓子は食べるのがもったいないくらいかわいいのです。

一目惚れしたアイシングクッキー。ユニコーンは一番のお気に入り。Kikkoさんが作り出す繊細なディテールとイキイキした表情は愛らしくて個性的。平成21年、JR西大路駅近くに『cafe luck sweets shop《カフェラックスイーツショップ》』をオープンし、今は上京区のアトリエで教室と不定期で販売もしています。2カ月前くらいなら、ウエディングなどのオーダークッキーも焼いてもらえます。スペシャルなプレゼントにいかが?

◉アイシングクッキー
砂糖と卵白でできたクリームで絵柄を描いたクッキー。

「bird」「swimmy」「donguri」「fukiyose」などパッケージごとにテーマがある。

「かわいらしくて、食べてもおいしい」をモットーにした、Kikkoさんのアイシングクッキー。ユニコーンやネコのディテール、表情などが秀逸で愛らしい。

おもたせ、おみやげに絶対喜ばれる
進化系京都のラブリー菓子店

吉廼家

創業昭和元年（1926）と京都の中では新しい和菓子店だが、全国にファンをもつ人気店。おとぎ草子1段重（16個）1944円～(P99)、箱入り(9個) 1080円～。店頭では大ぶりの苺大福(11月～4月頃)、みかん大福各260円（10月～3月頃）も販売。

京都市北区小山東大野町54
☎ 075·441·5561　● MAP P156-B4

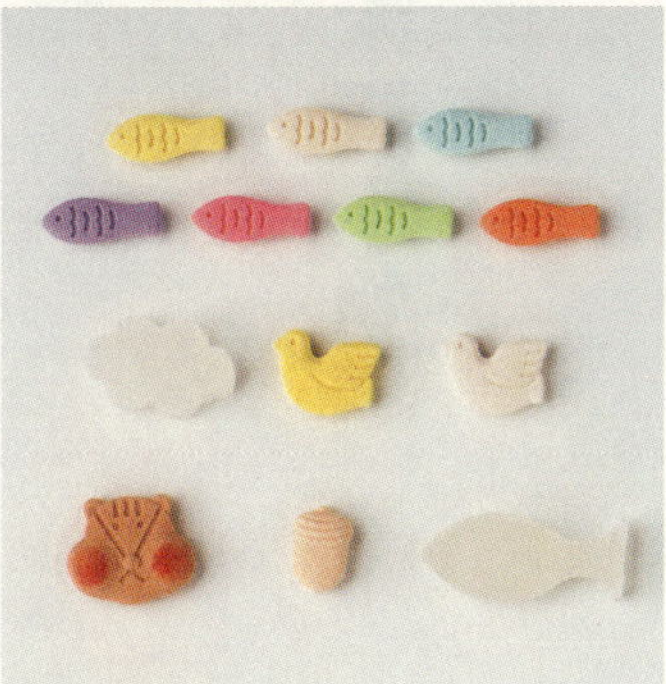

UCHU wagashi FUKIYOSE

まさに干菓子の進化系。伝統的な和三盆糖と良質な素材で、見た目だけじゃなく味もおいしい落雁を開発。「fukiyose」860円～、「swimmy」「donguri」「bird」各1080円（P101)。

京都市上京区寺町通丸太町上ル信富町307
☎ 075·754·8538　● MAP P158-B4

cafe luck sweets shop

かわいすぎて食べるのがもったいないアイシングクッキー1個350円～（P102)。ウエディングなどのオーダーメイドも可。3月下旬に初のレシピ本も発売。不定期営業なので販売日はHPか電話で確認を。http://cafe-luck.com

京都市上京区中立売通智恵光院東入ル新白水丸町453-4
☎ 075·201·9033（アトリエ）　● MAP P158-A3

物欲が止まらない！②　竹笹堂

紙萌え子LOVEな木版小物

ブックカバーなど多目的に使える『竹笹堂』の木版和紙。写真は人気のマカロン柄。

人はなぜ〝紙〟に惹かれるのでしょう。いつまでもスリスリしていたくなる和紙の風合いに、デザインが加わったら、自称・紙萌え子としてのテンションが一気にアップします。

一枚の絵に惹かれるというより、包装紙や紙袋のように用途によって活かされている〝用の美〟に惹かれます。日常生活の中で、使ってこそより光を放つ紙小物たち。手元に置いて眺めているだけでも気持ちがほくほくしてきます。

昔は菓子折の掛け紙や団扇など、多くの日用品が木版で摺られていました。現代はプリンターが幅をきかせていますが、京都には今でも手摺り木版で掛け紙や小物を制作している工房がいくつもあります。

もともと木版は図案を考える絵師、版木の彫師、摺師の分業制でした。四条通から

◉**木版**
印刷に用いるために木の板に文字や形象を彫ったもの。江戸時代の浮世絵は高い木版技術が用いられている。

飾ってもかわいい、新作のグリーティングカード「木馬」。

ハート、スペード、クローバー、ダイヤ、それぞれに古典文様をあしらった、グリーティングカード「トランプ」。

現代に合う木版小物を発信。

図柄も豊富な木版のぽち袋。

思わず手紙をしたためたくなる、一筆和紙便箋セット。

細い路地を入った一角にある『竹笹堂《たけざさどう》』は、摺師の家系の竹中家が明治24年（1891）に『竹中木版』を創業、その後五代目が立ち上げた木版のブランドです。

町家の工房兼ショップは、木版の新たな価値を発信するベースステーション。木版和紙をブックカバーとして販売して以来、デザイナーとのコラボレーションや、竹工芸の行灯、漆器、布製品などを展開するまでに成長。職人の世界で柔軟な発想を取り入れている工房として、各方面から注目されています。

「あくまで木版を続けていきたいだけなんです」と五代目の竹中健司さん。職人として京都に深く根を張りながら、色とりどりに木版の花を咲かせ、紙萌え子たちの日常を彩ってくれています。


町家の工房には、たくさんのスタッフが常駐しています。まず、四代目の竹中清八さんは、仁和寺所蔵の孔雀明王像を木版復刻した熟練技をもつ職人さん。木版の技術を継承し、プロデューサー的な存在の五代目社長の健司さん。六代目は『竹笹堂』と出会って弟子入りし、ブックカバーなど膨大な数のデザインを手がけている原田裕子さん。3人の大きな職人柱を支える弟子や広報・店舗スタッフ10名が在籍しています。

79歳から23歳まで幅広い年齢層が一堂に会し、同じ釜の飯を食べて、木版のことからプライベートのことまで語り合いながら、みんなで切り盛りしています。

昔ながらの工房のよさを引き継ぎながら、木版に取り組む姿勢や人の温もりは、商

ばれんは、摺りの要となる。

2階の工房で木版を制作。

図版で大小を使いわける刷毛。

手間暇かけて摺り上がる木版和紙。写真は３版重ねた「連立雀」。

品にも表れていると思います。
取材がきっかけで訪れて以来、かれこれ10年以上のお付き合い。ときには商品化の打ち合わせに参加して、意見を取り入れてもらうなど、〝紙萌え子〟としてうれしいポジションを与えてもらっています。

すっかり見る目も肥えてきて、一枚の木版画を見て、「こつ（模様の輪郭線）が力強いですね」とか、「ぼかしも入れると何版くらいですか」と質問することも。2階の工房で職人さんの手仕事を眺めて、話を聞けるのも大変勉強になります。

京都でよく〝見立て〟という言葉を耳にします。古典的な和の文様を見て自然界の美しい風景をイメージしたり、桜満開の山を表現した和菓子などを見てその情景に思いを馳せたり。直接的な表現ではなく、一枚薄衣をまとったような表現方法がよく用いられます。
『竹笹堂』の木版デザインも古典的な吉祥文様から、現代的な絵柄まで多数あります。例えば「立涌楓《たてわくかえで》」は、水面に揺れる楓の風景に見立てたデザイン。贈る方の趣向を作品の名前に重ね合わせてみるのも素敵ですね。木版から広がる和の世界をぜひお楽しみあれ。

竹笹堂

1200年の手摺り木版技術を伝承する竹中木版の五代目・竹中健司さんが立ち上げた工房兼ショップ。昔ながらの技術による紙製品から、スマートフォンケースまで紙にとどまらないコラボ商品を手がけ、木版デザインの可能性を追求。ブックカバー１色摺り864円～、ぽち袋４枚入り864円。

京都市下京区綾小路通西洞院東入ル新釜座町 737
☎ 075･353･8585　● MAP P158-D3

Column 3

コーディネーターから見た京都

京都人の判断基準は品がよいか、否か。

何事も露骨に口に出さず、語尾のイントネーションや目尻眉尻のちょっとした表情に本音を滲ませる京都人。人前では、謙遜こそすれ、自分のことをあからさまに自慢するなど無粋極まりないと思っています。なので、お気に入りの人のことはやたらとほめまくり、ほめられた本人は「いえいえ、そんなそんな」（2回繰り返すのも京都の特徴かも）と謙虚でいる姿こそ“品がよい”とされています。

いかにも老舗な感じのお店に行って、商品をベタベタ触らないのもマナーの一つ。「これ見てもいいですか？」と一声かけるのも品のよいお客の第一歩です。呉服関係やオーダーメイドの店に多いのですが、商品が一切置かれていなくて焦ることがあります。そんなときは「○○を見せていただけますか？」と自分の希望を伝えると、ニーズに合ったものだけを棚から出してきて見せてくれます。あれこれたくさん見たい人には少しもの足りないかもしれませんが、商品に愛着と誇りをもっている店では、「売るためのお店やん！」と思っても、その人に合ったものしかお見せしない場合があるのも京都流。

お店でどちらの商品か迷っているとき、「そらこっちの方が品がよろしおすわ」と言われたら、品がよい＝よく似合ってます、おすすめしますという意味。ちょっと回りくどい表現ですが、京都流の言葉のラリーだと思って、その場を楽しんでみてください。

第4章

心地いい京都の平日

心地いいお寺時間　両足院と圓光寺

お寺と私

凛とした空気の漂うお寺が好き。厳粛な空気、和やかな空気、清々しい空気……お寺にもいろいろな空気感があります。

独立したての頃、まだ自分の技量に余るような交渉の難しいロケをブッキングしていて、とあるお寺へ行く機会がありました。和尚さんを待ちながら、お庭を眺めていたら、つつつーッと涙が頬を伝ってきて……。辛くて嗚咽、というんじゃなくて、心のつかえが取れた感じ。張り詰めていた気持ちがふっとほどけた瞬間だったんでしょうね。

そのお庭（枯山水）にも意味があって、荒波に

『両足院』の凛とした空間で禅体験ができる。

も負けず、目的地へとこぎ出して行く小舟をイメージした岩の姿に「負けるな」といわれている気がしました。心が折れそうになることなんて、しょっちゅうあるし、ぐっすり寝ていられないことも多い。体力的に消耗しているところに厄介ごとが重なると、誰でもヘコみます。そういうときはものすごく深酒してバッタリ寝ますけど（笑）。ただ、その山を越えてみると、また違う山に登っている自分がいます。

そんな私が、何かとあるたびに訪ねたくなるお寺があります。座禅もできて、いろんな意味で気づきを与えてくれる2カ所のお寺を紹介します。

副住職のお話が楽しみな『両足院《りょうそくいん》』。建仁寺の塔頭で、普段は非公開のお寺です。年間、何度か一般公開されているほか、坐禅会に参加すれば拝観できます。

和やかな笑顔に癒やされる、『圓光寺』のお地蔵さま。

四季の移ろいを眺められる『圓光寺』の庭。

あるときの副住職の伊藤東湊《とうりょう》さんのお話から。

「安定、安心というと、揺らがないイメージがあります。大木に例えると揺れていないようで、実は大きく揺れていて、風に揺らされるたびに倒れないよう強く根を張っていきます。枝葉が揺らされている光景を見るたび、根っことは何か、揺らぎとは何かを問われているように思うのです。大木でもああやって生きているのだと思うと、自分の有り様を考えさせられますね」。人は何かあるたびに揺れるものですが、しっかりしなければ！と力んでいるだけでは、解決しないこともある。凝り固まった考えを一度手放してみると、方法が見つかることがあります。時折、こういった禅のお話を聞けるおかげで気づくことがたくさんあります。

心のフレームを広げてくれる『圓光寺《えんこうじ》』。

雑誌のロケでうかがって、ご住職の大坪慶寛《けいかん》さんに大変よくしていただいて以来、訪ねる機会が増えたお寺です。東山の豊かな自然を借景にいただいたお庭は、豊かで美しく、訪れるたびに心が洗われるようです。池のあるお庭を歩いて、裏山に登っていくと、開基・徳川家康公を祀った東照宮があり、その先の山間から、京都市内を一望できます。

広いお庭を歩いた後、本堂の内側から庭を眺めると、また違った景色が見られます。これが柱と縁側に敷かれた毛氈《もうせん》の緋色が織りなす〝フレーム効果〟。お庭のより美しい部分をフォーカスすることで、景色が一層際立って見えるのです。

アングルを決めるときなど、人差し指と親指でフレームを作って寄せたり引いたり

本堂からの眺めると絵のように美しい『圓光寺』の「十牛之庭」。

しますよね。大きな枠を作ったり、狭めてみたり、そういう動作と同じで、心のフレームも大きくすれば視界が広くなり、狭めれば小さくなる。もう少しアップで見たいと思ったら自分から近づいていって眺めてみる。人との距離感とか、ものごとの考え方も似ているな、と。額縁のように切り取って見ることができる『圓光寺』の庭を眺めていると、「心のフレームは自分次第だな」なんて言葉が思い浮かんだのでした。

お寺は心のオアシススポット。京都には気づきを与えてくれるお寺がたくさんあります。お寺で過ごす時間を通して、日々の心のコリをほぐしてみてください。

『圓光寺』にて、天高く伸びる竹の姿に思いを馳せる。

普通の日に行くお寺にこそ、
自分を見つめられる時間がある

両足院

建仁寺の境内東側にある塔頭寺院。枯山水庭園の方丈前庭、京都府指定名勝庭園の池泉回遊式庭園を備える。坐禅（1000円）のほか、坐禅とヨガ（3000円）や朝粥（2500円）などを組み合わせた体験もあり、HPから申し込み可能。特別拝観600円。写真は副住職の伊藤さん。http://www.ryosokuin.com

京都市東山区大和大路通四条下ル4丁目小松町591
☎075･561･3216 ● MAP P157-D1

圓光寺

徳川家康が国内の教育や学問などを発展させるため、慶長6年（1601）に伏見に学校として建立したのが始まり。寛文7年（1667）、現在地に移転。日本で初めての活字本の一つ「伏見版」の印刷事業が行われ、出版に使用された木活字も現存する。拝観500円。坐禅会1000円。

京都市左京区一乗寺小谷町13
☎075･781･8025 ● MAP P156-B4

歳時記に見る素顔の京都① 鞍馬の火祭

京都の祭りは雅ばかりじゃない

京都市内の祭りながら、これまで行く機会がなかった『鞍馬《くらま》の火祭』。今回、鞍馬の老舗佃煮店『くらま辻井』の辻井浩志社長のお声がけで、初めてうかがうことができました。住んでいてもなかなか行けなかったので、まさに〝京都人の修学旅行〟気分で訪ねました。

毎年恒例の時代祭の行列が市中を歩いたその夜、京都北部に位置する鞍馬で行われます。昼間の雅やかな時代祭とは違い、男性ばかりの勇壮な祭り。町内の家々では、松明を作り、夜になると点火して男たちが担いで、鞍馬街道を練り歩きます。大きな松明は、全長４ｍ、重さ１００㎏にも及ぶそう。それをわずか2人で担ぐのです。

鞍馬の火祭は、平安時代中期、平将門の乱や大地震などに見舞われた動乱の世の平安を願って、御所に祀られていた由岐《ゆき》明神を北方の鞍馬に遷宮する際、松明や神道

祭りの正装に身を包んだ男たちが松明を担いで鞍馬街道を行き来する。

◉時代祭
葵祭、祇園祭とともに京都三大祭の一つ。時代衣装に身を包んだ約２０００名の行列が、約２㎞にわたって京都御所から平安神宮へのルートを練り歩く。

山奥で行われる男たちの勇壮な祭り。
「はんなり」とはまた違った京都を発見

のどかな自然の風景が広がる鞍馬。

鞍馬一帯は祭りムードに包まれる。

各町内の軒先には手作りの松明が。

鞍馬の４町のトリを務める神楽松明。

鎧兜などが各家で披露される。

火祭は日暮れから本番スタート。

街道を練り歩く神輿行列。

幼い子どもも祭りに参加。

世話役の『くらま辻井』辻井さん。

別名「甲斐性松明」とも呼ばれている松明。

煌々と燃えさかる「かがり」。

火の粉をまきながら100kg超の松明が行き交う様子は迫力もの。

具などを携えた行列に感激した鞍馬の住人がその様を後世に伝え残そうと守り継いできた神事です。

毎年10月22日と決められており、日が暮れかかる18時頃になると、「神事にまいらっしゃれ」という神事ぶれの知らせを皮切りに、小さなトックリ松明を手にした子どもたちが鞍馬街道を往来します。続いて、小中高生が加わり、大松明を手にした若者たちが練り歩きます。

「サイレヤ、サイリョウ」と独特のかけ声で囃しながら、燃えさかる大松明が行き来する姿は圧巻！　煙に目を潤ませながら、行列の後をついていくと、20時頃から鞍馬寺の山門前の石段に100本近い松明が集結します。辺りを焼き尽くさんとばかりに燃えさかる松明が災厄と煩悩を焼き尽くしてくれるよう。

祭りが最高潮に達した頃、石段上に安置されていた神輿が街道へと繰り出します。神輿が御旅所に安置されたことを祝い、大きな4本の神楽松明が御旅所内を周回します。すでに深夜0時過ぎ。祭りの熱気が静まり、人々はそれぞれの家に帰っていきました。

聞きしに勝る迫力と熱気にクラクラしながら、家路へ。戻ってからも、煙で焚きしめられた匂いに包まれながら、守り継がれてきた底知れぬ祭りパワーの心地よい余韻に浸りました。

由岐神社

京都市内が一望できる鞍馬山にあり、パワースポットとしても有名。火難除け、子授け安産などに御利益があるという。毎年10月22日に執り行われる「鞍馬の火祭」は、由岐神社の例祭。樹齢800年、高さ約53mものご神木も素晴らしい。鞍馬寺仁王門から徒歩約10分。

京都市左京区鞍馬本町1073
☎075·741·1670　●MAP P156-A4

歳時記に見る素顔の京都② 南座

地元ならではの歌舞伎の楽しみ方

師走の頃、『南座《みなみざ》』では、京の年中行事として「顔見世《かおみせ》」が賑々しく催されます。「當《あた》る未歳 吉例顔見世興行」と新年の干支が冠に付くのには意味があります。

顔見世は歌舞伎の年中行事の一つ。江戸時代、芝居小屋は役者や作者などの座員はすべて1年契約と決められていて、11月から翌1年間の新メンバーを披露する興行は「顔見世」「面見せ」と呼ばれ、大切な行事として執り行われていました。現代はその実体はなくなりましたが、南座の顔見世だけが江戸時代からのならわしを色濃く伝えています。11月下旬、劇場前には、顔見世興行の出演者名を記した「まねき」看板が掲げられます。道行く人々は、この光景を見るたび、年の瀬を感じるものです。

南座のまねきは、長さ1間（約180㎝）、幅1尺（約30㎝）、厚さ1寸（約3㎝）の大きさの檜板が用いられます。勘亭流という独特の書体で、名前の文字の一つひとつにすき間がないように書かれます。これは、大入りを願って「客席にすき間がない

劇場内には、顔見世の風物詩の一つ「竹馬」が飾られる。お茶屋などのごひいきから役者宛てに贈られる。

●仮名手本忠臣蔵
元禄時代の赤穂浪士の討ち入りを描いた歌舞伎の演目。

●鳥辺山心中
二条城勤番旗本の菊池半九郎が江戸へ戻る直前、刃傷沙汰を起こして、祇園若松屋の遊女と心中した事件を劇化したもの。

桟敷席に舞妓、芸妓が並ぶ様は圧巻！

総見日には芸舞妓でにぎわい、一層華やか。

まねき看板が掲げられた『南座』。

新調された檜舞台開きの神事。

ように」との思いが込められていて、看板上部のひさし部分が「入」の形になっているのもその表れです。ちなみに、まねきの並びのうち、右から2番目に濡事師《ぬれごとし》（モテる美男子の芸を得意とする役者）の名前、3番目に道化役者の名前を掲げた上方の慣習から、〝二枚目〟〝三枚目〟という表現が生まれ、現代でも使われるようになりました。「あの人、二枚目ね！」というニュアンスは、歌舞伎のこんなところから来ているのですね。

平成26年の顔見世から、まねきの書き手も世代交代。劇場の檜舞台も23年ぶりに張り替えられ、役者たちが新たな〝檜舞台〟を踏みました。

一度は見ておきたいのが、顔見世の「総見日《そうけんび》」。興行が始まってから順番に、京都五花街の芸舞妓や女将さんたちが各花街ごとに観劇します。両サイドの桟敷席にずらっと座している様子は圧巻もの！ロビーでは「○○さんねえさん、おおきにぃ」という言葉が飛び交っているのも、華やかな京都、祇園にいることを感じさせてくれます。

歌舞伎の中の京都。『仮名手本忠臣蔵《かなでほんちゅうしんぐら》』七段目に登場する祇園の一力茶屋、『鳥辺山心中《とりべやましんじゅう》』の四条河原など、歌舞伎には京都を舞台にした演目が多数あります。「祇園の月」と聞くと、東山に浮かんだ朧月が浮かびます。京都で芝居を観て、舞台となった地を歩くのも一興です。

南座

歌舞伎発祥の地・京都で、江戸時代（元和年間）から続く日本最古の歴史をもつ劇場。劇場名は四条通の南側に位置することに由来。当時は7つの劇場が軒を連ねる芝居街だった。屋根上に掲げられている「櫓（やぐら）」は幕府が官許した証。

京都市東山区四条大橋東詰
☎075·561·1155　● MAP P157-D1

1

街角の平日風景

2

春夏秋冬、それぞれに趣のある京都の街。
絵画のような瞬間に感動したり、
何気ない暮らしのひとコマに心が和んだり。
地元だからこそ出合える、
万華鏡のような京都の平日風景。

3

4

5

7

6

1.錦鯉が悠々と泳ぐ『わらびもち洛匠』の庭。2.夕暮れ間近の嵯峨野の竹林。3.『知恩院』の爽やかな朝。4.『AKAGANE RESORT Kyoto higashiyama』のステンドグラスが美しい。5.夜のライトアップで違った趣になる阪急嵐山駅。6.のどかな茅葺き屋根の有形文化財『美山螢庵』。7.桜の名所の一つ、京都府庁舎旧本館の祇園枝垂れ桜。
※「平日風景」の場所はすべてP156-P159のMAPに掲載。

9

8

10

8.『ドッグカフェ NEST』の看板犬ポニョ君。9.作家の工房や料理教室のある『あじき路地』。10.注目のスポット河原町五条界隈のレトロな複合空間『五條製作所』。11.風情ある『今原町家』の中庭。12.京都国立近代美術館から平安神宮の大鳥居を眼前に望む。13.フランス国旗を飾った町家レストランの夜景。14.祇園祭に立ち並ぶ山鉾の「月鉾」。

11

12

13

14

16

15

17

15. 老舗の店先を彩る、正月飾りの餅花。16. 静かに読書を楽しみたい『エレファントファクトリーコーヒー』。17.『BAR 変質者』のお茶目な看板。18.『香袋・匂い袋 いせき』の軒先。精巧に作られた椿「侘び助」は奥様お手製の香袋。19. 和傘のランプがかけられたホテル『THE SCREEN』のロビー。20. アメリカンな『クランプコーヒーサラサ』の焙煎コーナー。21.『甘春堂東店』の桜の干菓子。

18

19

20

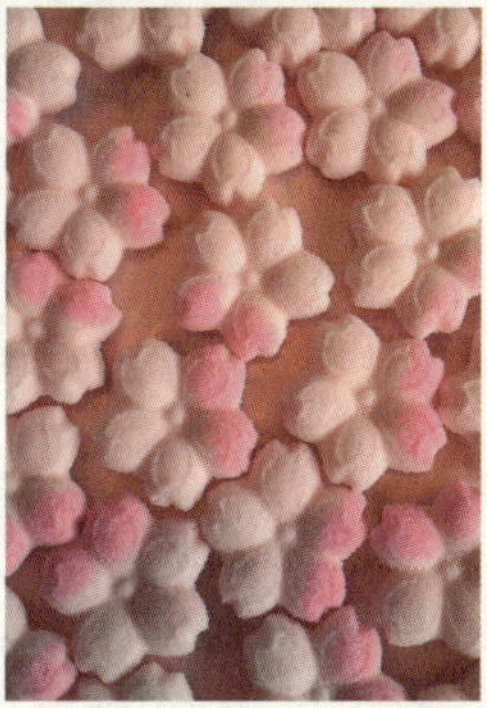

21

水辺の平日風景

いつも身近にある鴨川は
京都人のオアシススポット。
好きなお寺に立ち寄って、
池を眺めながらひと休み。
お気に入りの水辺で癒やされる、
京都の日常の贅沢。

京都国立博物館の庭にて。正門と京都タワーのシルエットが異国情緒を醸し出す。

鴨川は京都人のオアシススポット。

四季の花々が咲き誇る勧修寺の庭。

夏の東寺。五重塔を望むお堀に見事な蓮が咲く。

風一つない鴨川の水面。鏡のように畔の町家を映し出す。

私の平日ごはん

1. 路地裏にある、『ふくや』のおうちごはん。女将さんが育てたお米が味わえる。

3. 取材中、『% Arabica Kyoto』のラテでひと息。

2. おしゃれな『ZEN CAFE』の季節のお菓子セット（お菓子はある日の一例）。

今日のランチ、
人との食事、
一人飲み。
心と体を満たしてくれる、
私の平日ごはん雑記。

4. ボリューム満点の定食（左）が人気の『中国料理ちゅん』にて、本書の編集者Mと酔いどれ中。

5.『しも村』のにしんそば。

6.『セクションドール』のタンドリーチキン。

7.『東寺餅』のよもぎ餅。

8.『en』のクリームパスタ。

9.『祇園餃子処 泉門天』のひと口餃子。

10.『エイト珈琲店』の玉子サンド。

11.『アルチザナル』のパン。

12.『ハンバーグラボ』のランチ。

13.『AU DISCO』のクレープ。

14.『スマート珈琲店』のフレンチトースト。

15.『上茶谷』の鍋。

16.『キッチンゴン』の洋食セット。

17.『二軒茶屋（中村楼）』のぜんざい。

18.『トラットリア トラモント』のピッツァ。

19.『素夢子古茶家』のかぼちゃ粥。

20.『仁王門うね乃』のうどん。

21.『ピニョ食堂』の煎。

22.『担担』の担々麺。

人も空間も味もほっこりできる、私の好きなごはん＆甘味の店

1 ふくや
ほっこりおうちごはんランチは1000円前後（12時～14時）。夜は居酒屋営業。

京都市中京区六角通新京極東入ル桜之町449
☎075･231･5967 ●MAP P158-C4

2 ZEN CAFE ゼン カフェ
和菓子の老舗『鍵善良房』のカフェ。季節のお菓子と飲み物のセット1500円。

京都市東山区祇園町南側570-210
☎075･533･8686 ●MAP P157-D1

3 %Arabica Kyoto アラビカキョウト
ラテアート世界1位の山口淳一さんが滝れるカフェラテが美味。

京都市東山区星野町87-5
☎075･746･3669 ●MAP P159-A2

4 中国料理ちゅん
ボリューム満点の定食840円（日・祝の夜以外）。具だくさんのチャーハンもおいしい。

京都市山科区御陵中内町38
☎075･593･9204 ●MAP P156-C4

5 甘味 手打ち蕎麦 しも村
醍醐寺の門前にあり、北海道産のそば粉で主人が手打ちするそばと甘味が味わえる。

京都市伏見区醍醐西大路町89
☎075･571･0016 ●MAP P156-C4

6 セクションドール
肉厚でジューシーなタンドリーチキンは野菜とパン付きで1900円。

京都市左京区岡崎西天王町84-1
☎075･752･2249 ●MAP P157-B1

7 東寺餅 とうじもち
東寺御用達の和菓子店。名物の東寺餅140円、よもぎ餅210円。

京都市南区東寺東門前町88
☎075･671･7639 ●MAP P156-C4

8 en
四条大宮のイタリアンバル。バーニャカウダやアヒージョも人気。パスタ980円～。

京都市中京区錦大宮町148
☎075･821･5698 ●MAP P158-C3

9 祇園餃子処 泉門天 せんもんてん
惜しまれつつ閉店した泉門天が同じ店舗で復活！ ひと口餃子10個530円～。

京都市東山区花見小路新橋下ル竹会館1F
☎075･532･0820 ●MAP P157-C1

10 エイト珈琲店
珈琲がおいしい寺町の喫茶店。玉子サンドと珈琲のセット680円。

京都市中京区榎木町100-1
☎075･231･4898 ●MAP P158-C4

11 アルチザナル
ハード系のパンやパテのサンドなどワインに合うラインナップも◎。

京都市上京区今出川通寺町東入ル一真町89
☎075･744･1839 ●MAP P158-A4

12 ハンバーグラボ
ハンバーグと鉄板焼きの店。京都ポークや黒毛和牛のハンバーグランチ750円～。

京都市下京区西洞院通四条下ル妙伝寺町694
☎075･352･9123 ●MAP P158-C3

13 AU DISCO オーディスコ
昼飲み客も多いフランス料理店。デザートクレープ600円～もおすすめ。

→データはP25参照

14 スマート珈琲店
昭和7年（1932）創業、京都で指折りの喫茶店。フレンチトーストセット1000円。

京都市中京区寺町通三条上ル天性寺前町537
☎075･231･6547 ●MAP P158-C4

15 上茶谷 かみちゃたに
豊富な日本酒と新鮮な魚介や炭火焼きが味わえる祇園の居酒屋。お造り800円～。

京都市東山区大和大路通団栗上ル亀井町60
☎075･561･7788 ●MAP P157-D1

16 キッチンゴン御所東店
丸太町の洋食店。名物のピネライス830円、洋食のAコンビ980円～。

京都市上京区河原町通丸太町下ル伊勢屋町399
☎075･255･5300 ●MAP P158-B4

17 二軒茶屋（中村楼） なかむらろう
八坂神社境内の中村楼のカフェ。名物の田楽豆腐750円。甘味750円～。

京都市東山区祇園八坂神社鳥居内
☎075･561･0016 ●MAP P157-D1

18 トラットリア トラモント
パスタのおいしい店として有名だが、実はピッツァ（850円～）も絶品！

京都市中京区二条通寺町東入ル榎木町97
☎075･256･1917 ●MAP P158-B4

19 素夢子 古茶家 そむし こちゃや
漢方＆韓国茶、粥や薬膳スイーツなどがいただける。かぼちゃ粥1000円。

京都市中京区烏丸三条西入ル御倉町73
☎075･253･1456 ●MAP P158-C4

20 仁王門うね乃
出汁専門店『うね乃』のアンテナショップ。のっぺいうどん1300円、一品料理も。

京都市左京区新丸太町41
☎075･751･1188 ●MAP P157-B1

21 ピニョ食堂
一人でも入りやすい韓国食堂。体の芯から温まるスープメニューもぜひ。

→データはP77参照

22 担担 たんたん
地元で人気の担担麺店。まろやかで濃厚なスープの担担麺700円～。

京都市中京区壬生花井町23
☎075･822･5211 ●MAP P158-C3

第5章

あてもないのに嫁修業

取材で学んだ基本の〝き〟

ご飯、お出汁、お茶をおいしく

昼夜を問わず何かと締め切りに追われている毎日。取材が続くと食生活はぐちゃぐちゃ、家の中も服やものが散乱して、思考もすっきり働かなくなります。化粧もほとんどせず、素っ気なさすぎた30代半ば頃。飲食店の取材も立て続けで激太り、負のスパイラルに陥っていました。

「このままでは自己管理ができない女だと思われる！」と一念発起。いきなりフレンチが作れなくても、まずシンプルなことができるようになろう。かつて庖丁を錆びさせた私とはもうサヨナラよ！　と。

手始めに、手持ちの直径18㎝の雪平鍋と同じサイズのフライパンと鍋蓋、庖丁、この3つを使いこなせるようになってから、好きな道具を買いそろえようと決めました。

湯を沸かすのも、炒めるのも、浅いか深いかの違いとみなして2種類の鍋のみで調理。道具にあれこれ凝るより、道具の種類が少ない方が要領を得やすいことがわかりました。

食器もいくつかに決めて盛りつけてみると、おいしそうに見える角度や盛りつけ方

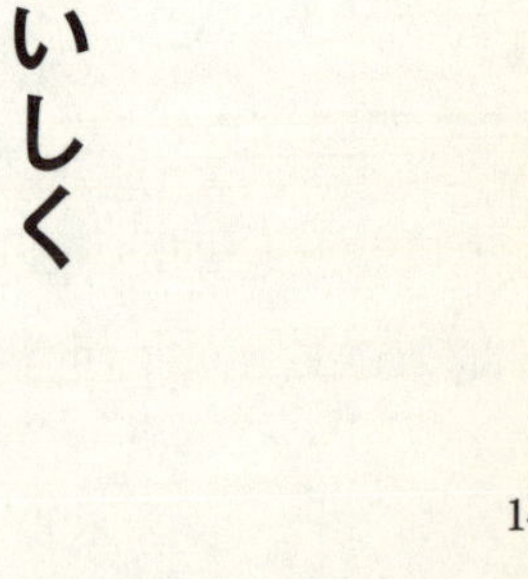

家のご飯をふっくら、おいしく炊けるようになれば、料理の腕も上がりそう。計量すれば意外とうまく炊ける。

が少しわかってきました。〝一つのものごとに向き合うこと〟で体が覚えて、基本が身につく。徐々に応用力がついてくるものですね。

飲食店でコツやレシピを聞けるのも取材の特権。家の炊飯器でおいしくご飯を炊くコツや、お茶の淹れ方、出汁の話など、プロに聞いたコツを試してみました。

■ご飯をおいしく炊く

お米のスペシャリスト『京の米料亭・八代目儀兵衛《はちだいめぎへえ》』の橋本晃治料理長に聞きました。まず、おいしいご飯の定義とは……。

「ご飯はどのおかずにも付くものですから、ご飯をおいしく炊けると食事も楽しくなります。私たちの考えるよい米とは、甘い米のこと。家でも米の甘みを引き出す炊き方があるんですよ」と聞いて、早速実戦開始！

【八代目儀兵衛流　おいしいお米の炊き方】

1. 計量

米は計量カップを使って、指ですり切りにしてから計量する。

1合あたり150gが目安。

2. 洗米

米を釜に入れて水を注ぎ、さっとかき混ぜて水を捨てる。
米は最初の水を一番吸収するので手早く行う。

3. **米研ぎ**

釜の中で約40秒間、お米を握っては離す動作を繰り返す。研がずに優しく手早く行う。この後、3回くらいその動作を繰り返して、ざるに上げラップをかけて10分ほど置く。

4. **浸水**

米の合数に合わせた分量の水を注ぐ。
2合の場合、300g×1・2倍=360g。
※氷を2、3個入れるのがコツ(加水時間は、春・秋は40分くらい、夏は25分~30分くらい、冬場は2時間弱が目安)。
加水後は、炊飯モードで炊く。

5. **ほぐし**

ご飯が炊き上がったら、すぐに蓋を開けて、ご飯の粒を壊さないように気をつけながら混ぜる。余分な水分を飛ばすことで、米同士がくっついてべたつくことを防ぐことができる。

家庭の米を重さで計量することによって、米と水の割合が正しく決まります。この要領で炊いたご飯は、いつもと同じ米なのに、艶やかで、噛むほどに米の甘みを感じられることに驚き！　おいしく炊けて、一気にお茶碗3杯もお代わりしてしまったほど。今までいかにざっくり計っていたかがわかりました。

■出汁をおいしく取る

「家庭で珈琲豆を挽くのに、どうして鰹は削らないんでしょうね？」とは、京都で四代続く出汁専門店『京・東寺《とうじ》うね乃《の》』采野《うねの》元英《もとふさ》社長の言葉。目の前で鰹節を削って、湯飲みに入れてお湯を注ぎ、これだけで即席鰹出汁の出来上がり。削り節を入れただけで鰹の風味豊かな香りが広がります。この味は何だかホッとします。

「食育で小学生にこのお出汁を飲んでもらったら、懐かしい味がすると言うんですよ。日本人のＤＮＡに訴えかけてくるものがあるのかもしれませんね。味覚とは味を覚えると書きます。毎日の食の積み重ねはとても大事ですね」

采野社長が「お出汁のことをもっと知ってほしい」と平成26年に始めたうどん店『仁王門うね乃』。このお店を取材したとき、「料理をするぞ！」と意気込んで買った白出汁を持て余していると話したら、「出汁巻に入れるといいですよ」とのアドバイス。早速、家で試してみたら、おいしい卵焼きになりました（ふわふわに巻けなかったので、

削りたての鰹節は風味もまた格別。お浸しにかけても旨味アップ。

水に浸して半日置いておくだけで昆布のいい出汁が取れる。

あえて出汁巻とは言わず)。もう一つ、教えてもらった茶碗蒸しレシピも紹介します。

◉**梅干し入りとろとろお茶碗蒸し**

1. ボウルに卵を割り入れ、よく混ぜる。
2. ①に白出汁と水を加えてよく混ぜ、ざるで裏ごしする。
※味見をして好みの濃さにする。
3. 器の底に梅干しを入れ、上から②を流し入れる。
4. 蒸し器か、ない場合は大きめの鍋に水を2㎝ほど入れて器を並べ、蓋をして強火にかける。沸騰したらとろ火にして、10〜15分蒸す。
5. お箸を刺してみて、卵液が浮いてこなければ出来上がり!

具材に凝らなくても、梅干しの酸味がいい味を出している茶碗蒸し。ふわふわつるりとした食感にこれまたほっこり。

「シンプルな中に旨味があって、体に優しい料理を支えてくれるのがお出汁なんですよ」と采野さん。出汁が料理の縁の下の力持ちになっていることを実感。出汁の使い方一つで毎日のおうちごはんがおいしくなる。パパッと作れる出汁のレパートリーを増やしたくなりました。

「昆布も細長く切って水出ししておくだけで、おいしい出汁が出ますよ」。加水して6時間くらい置き、昆布を水から取り出して、食べるときに温めて使うだけ。「湯豆腐もおいしそう」と、出汁とよい関係を築けるようになろうと決意したのでした。

■煎茶をおいしく淹れる

『ほんず抹茶』という手間隙のかかる茶葉を手がけている友人『孫右ヱ門《まごえもん》』の太田博文さんに「家のティーポットで煎茶をおいしく淹れたいんやけど……」と相談したら、長年お茶に携わっているだけに、手軽な方法を教えてくれました。

◉家で煎茶をおいしく淹れるには

1. 茶葉は家によくあるカレー用スプーン1杯が目安。マグカップなら2杯くらい（あとはお好みで）。
2. 湯を沸かし、熱々のまま直接ティーポットに入れる（150cc目安）。
※氷を1つ入れる（温度調整のため）。蓋はしない。
3. 1〜2分待ってから蓋をして湯飲みに注ぐ。

香りを楽しみたいときは熱いお湯で、甘めの味を楽しみたいときはやや冷ましたお湯（湯飲みに一度移し替えるごとに約10℃下がる。70℃が目安）で淹れます。

その道のプロによるレクチャーのおかげで、放置していた茶葉を使うことができました。これからは濃すぎず、甘みも感じられるお茶時間が楽しめそう。

◉ほんず抹茶
「よしず」と「わら」で茶畑を覆う、安土・桃山時代から伝わる抹茶の栽培方法。手間がかかるが、香りと風味がよい茶葉が育つ。

家の場合、茶葉はカレー用サイズのスプーンで計るのがミソ。

もし一人暮らしでティーポットがない場合、ポット代わりのマグカップと茶こしがあればＯＫ。茶こしを使って湯飲みに注ぐだけ。まずはやってみることを第一として、いろいろ体験しながら身につけることが大事だと思います。

■少しだけお箸の話

お恥ずかしながら、30歳を過ぎる頃まで、少し変なお箸の持ち方をしていました。母に何度注意されても直そうとしなかった私が、取材先のご主人とカメラマンと一緒にご飯を食べていたとき、「お箸の持ち方ヘンやなあ。そんなんで料理の記事なんか書かんとき」といわれ、「おっしゃるとおりです」と納得。プロに対してプロの仕事をするには、そういうことも大事なのだと思いました。

よく聞いてみると、その方もお箸の持ち方を直した経験があり、その場でレクチャー。その後も日々の積み重ねで直すことができました。おかげで、料理屋さんに行っても、茶席でお菓子を取りわけるときも、ヒヤヒヤせずに済むようになりました。人が言ってくれる言葉には、そのタイミングも含めて、自分に必要な意味があるのでしょうね。

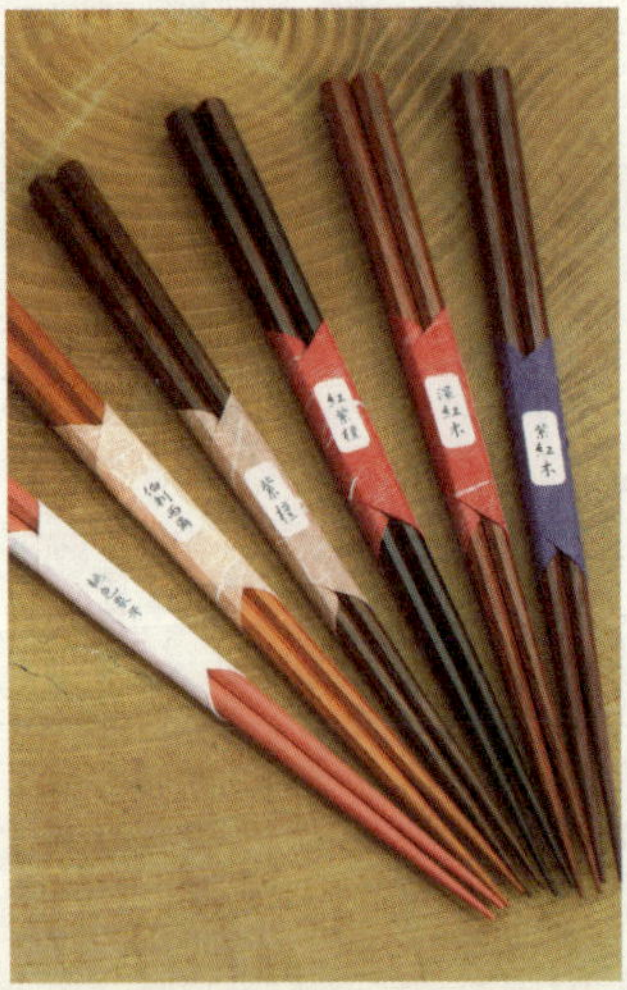

お箸の素材もいろいろあり、口当たりが変わってくるなど奥が深い。『京都　おはし工房』（P149参照）でマイ箸をオーダーしてみるのも。

基本の〝き〟を教えてくれた
その道のプロのお店

京の米料亭・八代目儀兵衛

京都のお米屋さんが営む米料亭。昼は行列必至の人気店で、おいしいご飯を楽しむための和食コースがいただける。昼は京赤地鶏のあんかけ親子丼 1306 円〜、夜は米ざんまいコース「八坂」4930 円〜。

京都市東山区祇園町北側 296
☎ 075・708・8173　● MAP P157-D1

京・東寺 うね乃

上質の昆布や鰹節を取り扱う有名店。白出汁、麺つゆなど、日常でも使いやすい出汁商品がそろう。出汁パック 303 円〜。料理店『仁王門うね乃』(P140) でこちらの出汁を使ったうどんや料理が味わえる。

京都市南区唐橋門脇町 4-3
☎ 075・671・2121　● MAP P156-C3

孫右ヱ門

寛政 2 年 (1790) から製茶業を営み、茶園品評会などで多くの賞を受賞。安土桃山時代から受け継がれてきた「ほんず製法」で丁寧に作られる抹茶が高い評価を得ている。

城陽市水主南垣内 20-1
☎ 0774・52・3232　● MAP P159-D2

京都 おはし工房

箸のオーダー専門店。熟練の箸職人が自分の手の大きさから最適な箸サイズを割り出して作ってくれる。木の素材から選ぶオーダー箸は 4000 円〜。手作業のため、約 4 カ月後に納品。

京都市右京区花園天授ヶ岡町 16-5
☎ 075・464・3303　● MAP P156-B3

京料亭の訪ね方

心地よく過ごすためには
マナーを意識して

〝おもてなし〟という言葉が流行していますが、サービスを受ける側もちょっとした心得があればより心地よく過ごすことができます。

『祇園丸山』の丸山嘉桜さんに「料亭を訪ねる際に気をつけたいことは?」と聞いてみたら、「予約のときに会の趣旨や、椅子席がよい、アレルギーの有無など、私どもにしてほしいと思われることを細かくおっしゃってください」と言われました。

会の趣旨とは、祖父の米寿のお祝い、桜が好きだった母の法事、などのこと。長寿にちなんだもの、桜にちなんだものという風に、部屋のしつらえ、器、料理の取り合わせなどを総合プロデュースしてくれるのがトップクラスの料亭です。

大きな会でなくても、京都に来られるお客様の好みを伝えておく、同席することがなくても伝えておけばきちんともてなしてくれる、料亭にはそんな安心感があります。「敷居が高い」と思わずに、わからないことがあれば聞いてみるといいのです。

京都は人との関係性において、〝気配に気づく〟〝空気を読む〟能力を研ぎ澄ませている街。裏を返せば、いちいち言わないので、わかりにくいと言われることがあります。だからこそ、より意識してコミュニケーションをとっていかなくてはなりません。ビギナーであればなおさらのこと、わからないことは聞いて覚えていくしかありません。

また、予約時間に向けてあらゆる準備を進めていることをふまえて、時間の変更があれば早めに連絡しておくことをおすすめします。

料亭の玄関口を水で湿しておく『打ち水』は、おもてなしの印。夏場は5分ともたないうちに乾いてしまいます。それでも出迎えるまで、何度も打ち水している姿を見かけると、訪ねる側もマナーが必要なのだと思います。道が濡れているのを見て、「雨でも降ったのかな?」と思うのではなく、「お迎えの印だな」と気づいてもらえれば、京都人としてもうれしいです。

お店も料理も作っているのは〝人〟。さりげなくそつがない、そんな京都のおもてなしを感じながら、料亭での時間を楽しんでください。

祇園丸山　京都の名料亭。P69参照。

自分を磨いて、さあ婚活!?

京都で見合い写真を撮ってみる

旅の恥はかき捨てと言いますが、旅に出ると何か特別なことがしたくなるもの。京都ならではの和の体験はもちろん、ひと味違った楽しみ方をしたい人には、メイクスタジオをおすすめしています。おしゃれをしたり、着物を着たりして街を歩くと一層楽しさが増します。そこで、いろいろなサロンの中でもメイク力ピカイチ、私の駆け込み寺的な『京都メイクアップスタジオLOODY《ルーディ》』を紹介します。

本多理恵さんと里江さんはなんと親子（！）でメイクアップアーティスト。視覚的な変身メイクではなく、理恵さんが学んだ心理学を取り入れています。例えば、人気の「婚活用撮影メイク」は、清潔感を重視して、癒やしてくれそうな雰囲気を演出。メイクのアドバイスもしてくれるので、自分の特徴に目を向けて、ポジティブになれるのがうれしいポイント。「メイク体験を通して、人と比べるより自分を大事にすることに目覚める方が多くてうれしいです。個性を見つけるきっかけにしていただければ」と理恵さん。透明感のあるベースメイクを重視して「光と影を利用してナチュラルに

メイクアップアーティストの本多理恵さん（左）と撮影も担当する里江さん。メイクレッスンも行っている。

見せます」と里江さん。特にコンプレックスをもちがちな目元のメイクはものの5分とかかりませんでした。

メイクができれば、いよいよ撮影です。スタッフが「かわいいー！」といって髪や洋服を整えてくれるとプチ女優気分(笑)。不思議なもので、自然に笑顔がこぼれます。これぞメイクの力！　メイクで内面から自信をあふれさせる、それがLOODYのメイクなのかも。出来上がった写真は、修正は一切ナシ。飲み会でビフォーアフターの写真を見せたら「これを見せるのって心臓強いっすね」と毒舌男子。まあ、ひとしきりネタにして周りを笑顔にできたのでよしとします。

AFTER

BEFORE

ぼんやりした印象の自分メイクが、プロの手でキラキラ笑顔に大変身！

メイクはいっときの外見磨きではありません。自分の魅力に気付き、さらに輝かせるコツを学ぶ。みなさん、京都で心地いい体験をして、外見もきれいになった自分を写真に残して家に持ち帰ってみては？　それを見合い写真に使って婚活！　ということで、嫁修業のオチ（!?）とさせていただきます。

京都メイクアップスタジオLOODY

メイクアップアーティストのプロのテクニックが体験できるスタジオ。「婚活用撮影」はヘアメイク、撮影込み2万520円～。ヘア、メイク、着付けだけの利用もできる。

京都市下京区高辻通室町西入ル繁昌町300-1
カノン室町四条307
☎075·757·6124　● MAP P158-D3

懐に入ればあったかい京都人。気質を知って、旅をもっと心地よく。

「京都で一冊作りましょう」という話から始まった本書の企画。いつも県外からの編集者や友人たちを迎える京都人として発信できることは何だろうと考えました。住んでいるからこそ感じるものごとを伝えたいと思いながら、本書の取材を重ねるうち、あらためて京都は本当に居心地のいい街なのだと実感できました。人が魅力的であればあるほど、生み出すものごとも味わい深く、輝くもの。和洋を問わず、食文化が充実していることや、職人さんが生み出す手仕事など、すぐ手の届くところにある非日常がよそさんにとっての心地よさなのですね。京都人という誇りと頑固さもそれらの大切なエッセンスになっているのだと思います。

今回、常連さんのおかげで、普段は取材を遠慮されているお店にもご登場いただくことができました。本文中、「○○さんに連れられて」といった表現をよく使ったのも、京都が人の紹介や信用で成り立っている街だからという意味を込めました。京都には、一度紹介すれば、その関係が一生ついて回るという、ほかではちょっと考えられない常識が存在します。そういったことも含めて、単なるお店のガイド本ではなく、少しですがマナー的な部分にも触れられてよかったと思っています。

まだまだ道半ばの身ではありますが、私の失敗談や経験が何らかの形でお役に立てば幸いです。

最後に、私のボーッとしたキャラクターを見い出し、本書の出版を決めてくださった交通新聞社の山口昌彦編集長、おもしろい本にしたいと昼夜を問わずともに編集し続けてくれた松﨑聖子さん、素敵な題字とデザインからいろいろな提案をしてくれた斉藤いづみさん、そして、現場で食べ続けながら、料理や風景を魅力的に撮影してくれたカメラマンの中島光行さんと、たやまりこさん。彼らはいつも京都で取材をともにしている同志たちです。この本に携わってくださったすべてのスタッフの皆々様に、この場を借りて御礼申し上げます。

本書の取材に協力してくださった店主の皆々様、アイデアをくださった皆様、私を支えてくれている友人たち、本当にありがとうございます。本書が、よそさんと京都人との、楽しく心地いい旅を過ごすためのよりよい架け橋になることを願っています。

京都MAP

花脊峠へ
鞍馬山
貴船山
貴船神社
鞍馬寺
由岐神社(P123)
鞍馬山ケーブル
鞍馬駅
竜王岳
貴船口駅
寂光院
翠黛山
金毘羅山
三千院
途中へ
鯖街道
仰木へ
水井山
二ノ瀬駅
箕ノ裏ヶ岳
瓢箪崩山
市原駅
左京区
北区
惟喬神社
福蔵院
半国高山
高雲寺
持越峠
地蔵院
中川トンネル
朝日峯
城山
峰山
清滝川
京都府
京都市
二軒茶屋駅
実相院
京都精華大前駅
叡山電鉄鞍馬線
木野駅
岩倉駅
三宅八幡駅
八瀬比叡山口駅
叡山ケーブル
ケーブル八瀬駅
ロープ比叡駅
叡山ロープウェイ
ケーブル比叡駅
釈迦堂
比叡山延暦寺
大比叡
比叡山頂駅
ケーブル延暦寺駅
比叡山ドライブウェイ
高山寺
高雄山
神護寺
沢山
上賀茂神社
香袋・匂い袋 いせ吉(P132)
宝ケ池駅
宝ケ池公園
高野川
修学院離宮
修学院駅
一乗寺駅
光悦寺
大文字山
府立植物園
大徳寺
右京区
周山街道
嵐山高雄パークウェイ
トロッコ亀岡駅へ
金閣寺
吉廼家(P103)
下鴨神社
圓光寺(P119)
瓜生山
茶山駅
嵯峨野の竹林(P128)
京都 おはし工房(P149)
龍安寺
北野天満宮
京都中心部
出町柳駅
居酒屋 櫓八(P89)
知恩寺(P14)
滋賀県
大津市
比叡山坂本駅へ
仁和寺
嵐電北野線
大覚寺
嵯峨嵐山駅
嵯峨野観光鉄道
妙心寺
北野白梅町駅
上京区
京都御所
平安神宮〜祇園
銀閣寺
大文字五山送り火
如意ヶ嶽
亀岡駅へ
JR山陰本線(嵯峨野線)
太秦駅
大文字山
日の出うどん(P89)
トロッコ嵐山駅
天龍寺
嵐山駅
花園駅
円町駅
二条城
平安神宮
南禅寺
嵐山
広隆寺
帷子ノ辻駅
嵐電嵐山本線
二条駅
中京区
知恩院
山科区
湖西線
嵐山駅(P129)
西大路三条駅
四条大宮駅
八坂神社
東山
瀬田西ICへ
松尾大社駅
西院駅
壬生寺
東山区
西京区
菜ノ菜 御前七条(P39)
丹波口駅
清水寺
山科駅
追分駅
山陰道
西芳寺(苔寺)
西京極駅
西本願寺
東本願寺
智積院
(琵琶湖線)
京阪山科駅
京阪京津線
上桂駅
阪急嵐山線
下京区
JR東海道本線
中国料理 ちゃん(P140)
京都東IC
東寺餅(P140)
隆兵そば(P61)
西大路駅
京都駅
東福寺駅
亀岡ICへ
沓掛IC
桂駅
東寺(P135)
東福寺
泉涌寺
東海道新幹線
米原駅へ
京・東寺 うね乃(P149)
鴨川西
鳥羽街道駅
山科
阪急京都線
桂川街道
大原野IC
大原野神社
南区
上鳥羽
伏見稲荷大社
大石神社
名神高速道路
桂川駅
深草駅
洛西口駅
桂川
勧修寺(P135)
向日市
京都南IC
東向日駅
向日町駅
竹田駅
城南宮北
甘味 手打ち蕎麦 しも村(P140)
醍醐寺
伏見区
城南宮
墨染駅
JR藤森駅
醍醐山
京都縦貫自動車道
長岡宮跡
城南宮南
伏見駅
光明寺
西向日駅
JR東海道本線
桂川PA
丹波橋駅
伏見桃山陵
桃山駅
六地蔵駅
長岡京市
伏見桃山駅
長岡天神駅
伏見
京阪本線
阪神高速京都線
観月橋駅
桃山南口駅
JR奈良線
京阪宇治線
長岡天満宮
長岡京駅
東海道新幹線
大坂街道
中書島駅
宇治川
奈良街道
長岡京IC
西山天王山駅
京阪国道
向島駅
宇治西IC
黄檗駅
宇治東IC
京滋バイパス
瀬田東ICへ
大山崎町
大山崎JCT
天王山
巨椋池IC
宇治市
大阪府
島本町
大山崎IC
淀駅
京都競馬場
巨椋IC
三室戸寺
喜撰山
山崎駅
久御山IC
近鉄京都線
大山崎駅
久御山淀IC
久御山JCT
小倉駅
宇治駅
八幡市駅
木津川
久御山町
第二京阪道路
JR小倉駅
淀川
島本駅
橋本駅
京阪男山ケーブル
石清水八幡宮
伊勢田駅
大阪駅へ
新大阪駅へ
京橋駅へ
八幡市
久御山南ICへ
大和西大寺駅へ
奈良駅へ
N
0
1.5km
A
B
C
D
3
4

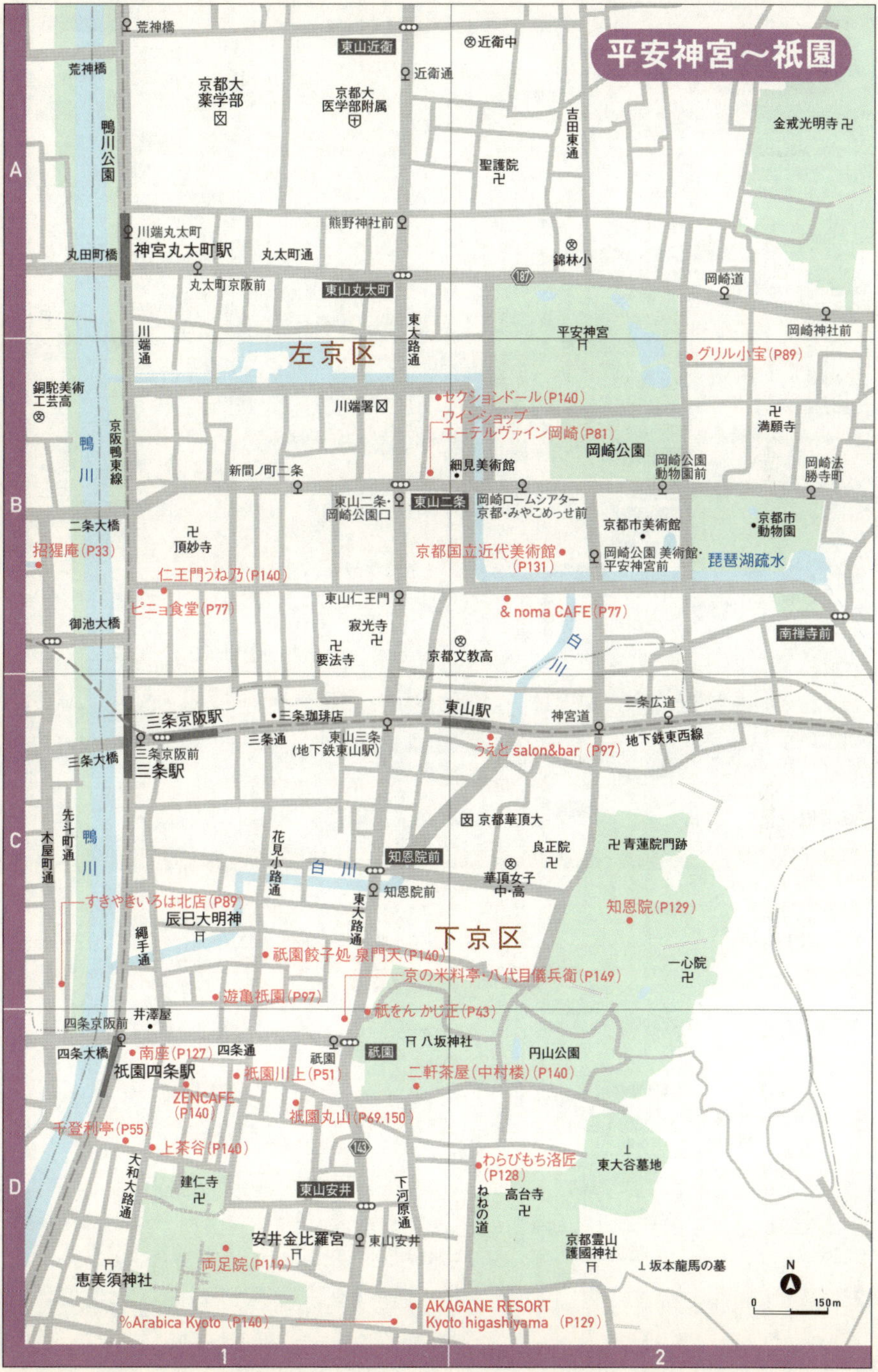

平安神宮～祇園
荒神橋
荒神橋
東山近衛
近衛中
近衛通
京都大
薬学部
京都大
医学部附属
吉田東通
金戒光明寺
鴨川公園
聖護院
熊野神社前
川端丸太町
神宮丸太町駅
錦林小
丸田町橋
丸太町通
丸太町京阪前
東山丸太町
岡崎道
岡崎神社前
川端通
東大路通
平安神宮
左京区
グリル小宝（P89）
銅駝美術工芸高
セクションドール（P140）
川端署
ワインショップ
エーテルヴァイン岡崎（P81）
満願寺
京阪鴨東線
鴨川
細見美術館
岡崎公園
岡崎公園動物園前
岡崎法勝寺町
新間ノ町二条
東山二条・岡崎公園口
東山二条
岡崎ロームシアター京都・みやこめっせ前
京都市美術館
京都市動物園
二条大橋
頂妙寺
招猩庵（P33）
京都国立近代美術館（P131）
岡崎公園 美術館・平安神宮前
琵琶湖疏水
仁王門うね乃（P140）
ピニョ食堂（P77）
東山仁王門
& noma CAFE（P77）
御池大橋
寂光寺
南禅寺前
要法寺
京都文教高
白川
三条広道
三条京阪駅
三条珈琲店
東山駅
神宮道
三条通
東山三条（地下鉄東山駅）
うえと salon&bar（P97）
地下鉄東西線
三条大橋
三条京阪前
三条駅
京都華頂大
先斗町通
木屋町通
鴨川
花見小路通
知恩院前
良正院
青蓮院門跡
白川
知恩院前
華頂女子中・高
すきやきいろは北店（P89）
東大路通
知恩院（P129）
辰巳大明神
縄手通
下京区
一心院
祇園餃子処 泉門天（P140）
京の米料亭・八代目儀兵衛（P149）
遊亀祇園（P97）
井澤屋
祇をん かし正（P43）
四条京阪前
八坂神社
四条大橋
南座（P127）
四条通
祇園
円山公園
祇園四条駅
祇園川上（P51）
二軒茶屋（中村楼）（P140）
ZENCAFE（P140）
祇園丸山（P69,150）
千登利亭（P55）
上茶谷（P140）
143
わらびもち洛匠（P128）
東大谷墓地
大和大路通
建仁寺
東山安井
下河原通
ねねの道
高台寺
安井金比羅宮
東山安井
京都霊山護國神社
両足院（P119）
恵美須神社
坂本龍馬の墓
AKAGANE RESORT Kyoto higashiyama（P129）
%Arabica Kyoto（P140）
N
0
150m
187
A
B
C
D
1
2

157

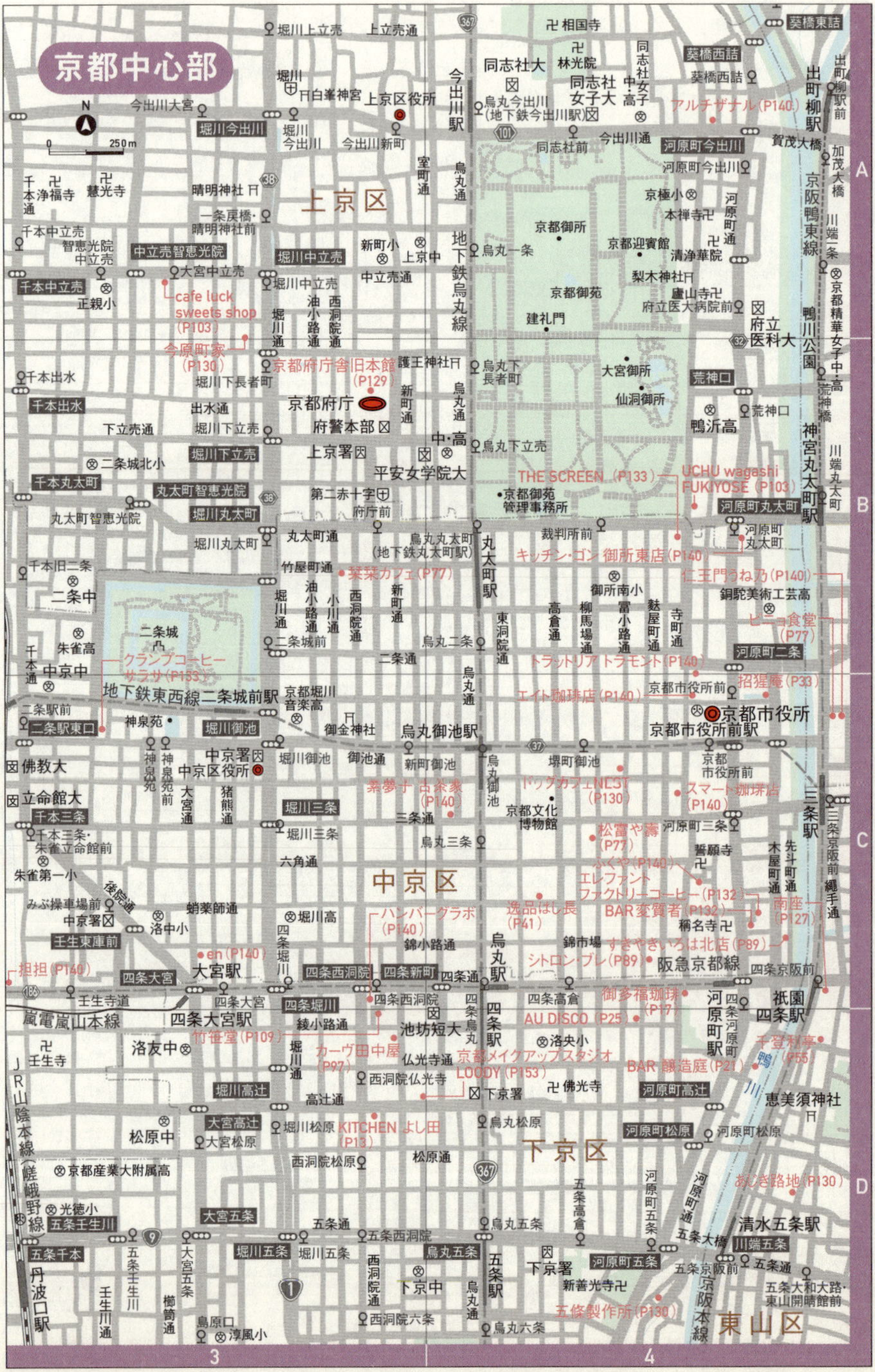
京都中心部
堀川上立売
上立売通
相国寺
葵橋東詰
葵橋西詰
出町柳駅
出町柳駅前
同志社大
林光院
同志社女子大
同志社女子中・高
堀川
白峯神宮
上京区役所
今出川駅
烏丸今出川（地下鉄今出川駅）
アルチザナル（P140）
今出川大宮
堀川今出川
今出川新町
同志社前
今出川通
河原町今出川
賀茂大橋
加茂大橋
京阪鴨東線
千本通
浄福寺
慧光寺
晴明神社
室町通
烏丸通
上京区
京都御所
京極小
本禅寺
河原町通
川端通
一条戻橋・晴明神社前
千本中立売
智恵光院中立売
中立売智恵光院
堀川中立売
新町小
上京中
地下鉄烏丸線
烏丸一条
京都迎賓館
清浄華院
川端二条
京都精華女子中・高
大宮中立売
千本中立売
正親小
cafe luck sweets shop（P103）
中立売通
梨木神社
京都御苑
廬山寺
府立医大病院前
府立医科大
鴨川公園
油小路通
西洞院通
堀川通
建礼門
今原町家（P130）
京都府庁旧本館（P129）
護王神社
烏丸下長者町
大宮御所
荒神口
千本出水
堀川下長者町
新町通
仙洞御所
荒神橋
京都府庁
出水通
鴨沂高
神宮丸太町駅
下立売通
堀川下立売
府警本部
中・高
烏丸下立売
二条城北小
上京署
平安女学院大
THE SCREEN（P133）
UCHU wagashi FUKIYOSE（P103）
川端丸太町
千本丸太町
丸太町智恵光院
第二赤十字
府庁前
京都御苑管理事務所
河原町丸太町
丸太町通
裁判所前
丸太町駅
烏丸丸太町（地下鉄丸太町駅）
キッチン・ゴン 御所東店（P140）
竹屋町通
栞栞カフェ（P77）
千本旧二条
御所南小
仁王門うね乃（P140）
銅駝美術工芸高
二条中
二条城
小川通
東洞院通
高倉通
柳馬場通
富小路通
麩屋町通
寺町通
ビーョ食堂（P77）
朱雀高
二条城前
烏丸二条
二条通
クランプコーヒー サラサ（P133）
トラットリア トラモント（P140）
河原町二条
中京中
京都堀川音楽高
エイト珈琲店（P140）
京都市役所前
招猩庵（P33）
地下鉄東西線二条城前駅
京都市役所
京都市役所前駅
二条駅前
二条駅東口
神泉苑
堀川御池
御金神社
烏丸御池駅
神泉苑前
中京署
中京区役所
御池通
新町御池
烏丸御池
堺町御池
佛教大
大宮通
猪熊通
素夢子 古茶家（P140）
ドッグカフェNEST（P130）
スマート珈琲店（P140）
三条駅
三条京阪前
立命館大
千本三条
堀川三条
三条通
京都文化博物館
河原町三条
千本三条・朱雀立命館前
烏丸三条
松富や壽（P77）
誓願寺
木屋町通
先斗町通
縄手通
六角通
朱雀第一小
中京区
ふくや（P140）
エレファント ファクトリーコーヒー（P132）
南座（P127）
後院通
みぶ操車場前
中京署
蛸薬師通
堀川高
ハンバーグラボ（P140）
逸品はし長（P41）
BAR 変質者（P132）
稲名寺
洛中小
四条堀川
錦小路通
錦市場
すきやきいろは北店（P89）
壬生東車前
en（P140）
烏丸駅
シトロン・ブレ（P89）
阪急京都線
担担（P140）
四条大宮
大宮駅
四条西洞院
四条新町
四条通
四条京阪前
祇園四条駅
壬生寺道
四条大宮
四条西洞院
四条高倉
御多福珈琲（P17）
嵐電嵐山本線
四条大宮駅
四条堀川
池坊短大
四条烏丸
四条駅
河原町駅
四条河原町
竹笹堂（P109）
綾小路通
AU DISCO（P25）
洛央小
千登利亭（P55）
壬生寺
洛友中
カーヴ田中屋（P97）
仏光寺通
京都メイクアップスタジオ
鴨川
JR山陰本線（嵯峨野線）
BAR 醸造庭（P21）
西洞院仏光寺
LOODY（P153）
下京署
佛光寺
堀川高辻
高辻通
河原町高辻
恵美須神社
大宮高辻
堀川松原
KITCHEN よし田（P13）
烏丸松原
河原町松原
松原中
大宮松原
下京区
西洞院松原
松原通
京都産業大附属高
五条高倉
河原町五条
おじき路地（P130）
光徳小
清水五条駅
五条壬生川
大宮五条
五条通
五条西洞院
烏丸五条
五条大橋
川端五条
五条千本
五条壬生川
堀川五条
烏丸五条
下京署
河原町五条
五条京阪前
五条大和大路・東山開晴館前
丹波口駅
壬生川通
櫛笥通
下京中
新善光寺
京阪本線
島原口
淳風小
西洞院六条
烏丸六条
五條製作所（P130）
東山区
A
B
C
D
3
4

東山
下京区
東山区
河原町高辻
河原町松原
河原町通
宮川町通
建仁寺
東山安井
下河原通
ねねの道
高台寺
わらびもち洛匠（P128）
東大谷墓地
京都霊山護國神社
安井金比羅宮
両足院（P119）
恵美須神社
松原通
AKAGANE RESORT Kyoto higashiyama （P129）
%Arabica Kyoto（P140）
清水道
清水坂
産寧坂
五条坂
あじき路地（P130）
六波羅蜜寺
東山区役所
東山署
河原町五条
清水五条駅
川端五条
五条通
五条大橋
五条京阪前
開睛小・中
新善光寺
五条大和大路・東山開睛館前
五條製作所（P130）
東山五条
大谷本廟
鴨川
川端通
河原町正面
馬町
甘春堂東店（P133）
豊国神社
東大路通
大和大路通
上馬町
妙法院
京都女子大附属小
陶工高等技術専門学校
京都国立博物館（P134）
東山七条
京都女子中・高
七条大橋
七条駅
博物館三十三間堂前
七条京阪前
七条通
京都女子中高前
京都女子大前
智積院
新日吉神宮
養源院
京都女子大・短大部
三十三間堂蓮華王院
後白河天皇陵
塩小路橋
JR東海道本線（琵琶湖線）
今熊野
京阪本線
JR奈良線
大谷中・高
東海道新幹線
150m
美山
長老ヶ岳
棚野川
美山螢庵（P129）
3km
和知駅
南丹市
鏡峠
京丹波町
下山駅
胡麻駅
田原川
京都市右京区
鍼灸大学前駅
JR山陰本線
山陰道
京都縦貫自動車道
日吉駅
黒尾山
日吉ダム
丹波IC
城陽
城陽市
水主団地
水主
富野荘駅
法念寺
孫右ヱ門（P149）
大三戸
西ノ口
近鉄京都線
阿弥陀寺
木津川
京田辺市
250m

159

中野弘子　なかのひろこ

京都生まれの京都育ち。OA機器メーカーのOLから、旅行ガイドの編集プロダクションを経て、京都の月刊女性情報誌『Leaf』入社。副編集長・編集長として6年勤務し、「町家でごはん」などのヒット企画を次々と打ち出す。平成14年に独立後、京都コーディネーターとして、多数の京都特集の企画監修、取材執筆に携わる。著書『京都通こだわりの味な店100』『京都通こだわりの手みやげ100』、古瀬ヒロのペンネームで『京都謹製きもの和こもの』『京都いっぴん日用品』、1冊丸ごと企画編集した『京都で、きれいを磨く』『京都で、手づくりマルシェ』（すべて淡交社）などがあり、文化芸術、伝統芸能に関する執筆も行っている。平成26年4月より、京都観光おもてなし大使就任。

よそさんが心地いい京都

2015年3月10日　第一版発行

著者　中野弘子

デザイン　斉藤いづみ [rhyme inc.]
撮影　中島光行、たやまりこ、中野弘子
編集協力　前川久夫
編集　松﨑聖子
編集人　山口昌彦
発行人　江頭 誠
発行所　株式会社 交通新聞社
〒101-0062　東京都千代田区神田駿河台2-3-11 NBF御茶ノ水ビル
編集部☎03・6831・6560　販売部☎03・6831・6622　http://www.kotsu.co.jp/
印刷／製本　凸版印刷株式会社
地図制作　ユニオンマップ

ISBN978-4-330-55115-9